"十三五"国家重点图书出版规戈

U0685372

投入占用产出技术丛书

地区投入产出模型
及其应用

蒋雪梅/著

国家自然科学基金(61273208,71473244,71473246)资助

科学出版社

北 京

内 容 简 介

本书以我国地区投入产出表为数据基础，探讨区域层面投入产出模型的编制和应用问题。在编制方法方面，讨论先验信息确定方法及非调查估计法的选取，可为实证编制区域投入产出表时提供借鉴；在应用方面，基于地区投入产出表和相关卫星账户数据讨论我国各地区间的产业结构差异、劳动生产率差异及区位商差异等问题。本书用通俗的语言系统化介绍地区投入产出模型的编制及其在研究区域经济差异时的应用案例，可为区域经济学的相关研究提供参考。

本书可作为高等院校财经专业的大学生和研究生的教材，也可供从事区域经济工作和管理的人员参考。

图书在版编目（CIP）数据

地区投入产出模型及其应用/蒋雪梅著.—北京：科学出版社，2017.1

（投入占用产出技术丛书）

"十三五"国家重点图书出版规划项目

ISBN 978-7-03-045379-2

Ⅰ. 地… Ⅱ.①蒋… Ⅲ.①地区经济－投入产出模型－研究 Ⅳ.①F223

中国版本图书馆 CIP 数据核字（2016）第 187038 号

责任编辑：徐　倩　王丹妮／责任校对：徐榕榕
责任印制：徐晓晨／封面设计：无极书装

科 学 出 版 社 出版
北京东黄城根北街 16 号
邮政编码：100717
http://www.sciencep.com

北京京华虎彩印刷有限公司 印刷
科学出版社发行　各地新华书店经销

*

2017 年 1 月第　一　版　开本：720×1000　1/16
2018 年 1 月第二次印刷　印张：9 3/4
字数：197 000

定价：60.00 元

（如有印装质量问题，我社负责调换）

丛书编委会

（按姓氏拼音排序）

总　　序

　　投入产出技术是数量经济学研究以及宏观经济管理中广泛使用的数量分析工具之一，以能够清晰地反映国民经济各部门间错综复杂的经济关联关系著称。近几年，在国际贸易、资源环境等热点问题的研究中投入产出技术得到越来越多学者的重视和使用。很多以投入产出模型为分析工具的文章发表在国际顶级期刊上。当前国际上很多知名的贸易增加值数据库（如经济合作与发展组织的 TiVA 数据库）背后的核心测算工具均为投入产出模型。由于在经济结构分析与产业关联关系研究方面的优势，投入产出技术在今后若干社会经济问题研究中仍将发挥不可替代的作用。

　　投入占用产出技术在传统的投入产出技术基础上进一步考虑了经济系统中生产部门对各种要素、资源存量的占用，是对投入产出技术的重要发展。投入占用产出技术由中国科学院数学与系统科学研究院陈锡康研究员于 20 世纪 80 年代提出。当时，陈锡康等受中央有关部门的委托进行全国粮食产量预测研究，为此编制了中国农业投入占用产出表。在编制过程中发现耕地和水资源在粮食生产中具有重要作用，但在传统投入产出技术中完全没有得到反映，进而发现固定资产、劳动力等在投入产出技术中也基本没有得到反映，由此提出了"投入占用产出技术"。

　　三十余年来投入占用产出技术得到了空前的发展，我国已有三十余位青年学者由于从事投入占用产出技术研究获得管理科学与工程博士学位。投入占用产出技术已成功地应用于全国主要农作物（粮食、棉花和油料）产量预测、对外贸易、水利、能源、就业、政策模拟、影响分析、收入分配等领域。相关研究成果发表论文一百余篇，多次获得国家领导人的重要批示，曾于 2006 年获首届管理学杰出贡献奖、2003 年获首届中国科学院杰出科技成就奖、2008 年获第十三届孙冶方经济科学论文奖、2009 年获大禹水利科学技术奖一等奖、2011 年获国家科技进步奖二等奖、1999 年获国际运筹学进展奖一等奖等诸多奖项。投入占用产出技术也曾获得国际上部分著名学者，如美国科学院院士 Walter Isard、诺贝尔奖金获得者 Wassily Leontief 教授、澳大利亚昆士兰大学教授 R. C. Jensen 和 A. G. Kewood 等的好评。其认为"投入占用产出分析令人极为感兴趣"和"远比标准的投入产出分析好"，是"非常有价值的发现"，是"先驱性研究"，"投入占用产出及完全消耗系数的计算方法是我们领域的一个非常重要的发明和创新"。

虽然投入占用产出技术已成为投入产出领域的一个重要研究方向，但是有关投入占用产出技术及其应用研究的书籍并不多见。中国科学院数学与系统科学研究院陈锡康研究员、杨翠红研究员等已于 2011 年出版《投入产出技术》教材，该书的系统性、权威性都得到了众多从事投入产出教学的学者的好评。在此基础上，我们一直在思索如何进一步地在高校、科研部门、政府部门、企业等拓展投入占用产出技术的研究与应用工作，满足社会各界对宏观经济数量模型的需求。在反复酝酿、不断尝试的基础上，我们决定，与投入产出学界的同仁共同编写、出版一套介绍投入占用产出技术及其应用的丛书。

这套丛书是我们对投入占用产出技术的总结和推广，希望它的出版有助于促进投入产出和投入占用产出技术的蓬勃发展。这套丛书力求体现以下特点。

第一，在丛书内容的编排上，主要介绍投入占用产出技术的理论与应用。选材既包括投入占用产出技术的理论研究，又包括近些年来投入占用产出技术在不同领域的应用介绍，主要包括农业、对外贸易、水资源、能源、就业、政策模拟分析、收入分配等方面。尽管内容包括了宏观经济的众多方面，但是并不求大、求全，而是力求精选。

第二，在每本书的内容和写作方面，注意广泛吸收国内外的优秀科研成果。丛书力求简明易懂、内容系统和实用，注重对宏观经济建模思想的阐述，并结合实证研究说明投入占用产出技术的特点及应用条件。

这套丛书是我国投入产出学界众多学者集体智慧的结晶。我们期望这套丛书的出版将对投入产出分析与投入占用产出技术学科的进一步发展及其在国民经济各领域的更为广泛的应用起到重要推动作用，并希望能够吸引更多学者加入投入产出分析的研究领域。

这套丛书由陈全润、蒋雪梅和王会娟进行组织和编辑工作，我们对他们的辛勤劳动表示衷心感谢！

目　录

第 1 章

中国地区投入占用产出模型的产生及发展

1.1 投入产出分析方法简介

1.1.1 投入产出分析方法的产生

投入产出分析是反映、研究和定量分析社会再生产全过程各领域（生产、分配、交换、消费）之间，国民经济各部门、各地区之间及其与国际间的经济技术联系，制订社会经济发展计划和预测发展趋势的重要工具。

投入产出分析于 20 世纪 30 年代诞生于美国，是由美国经济学家瓦西里·列昂惕夫（Leontief）首先提出并加以研究的。他从 1931 年开始研究投入产出，分析美国经济结构和经济均衡问题，并于 1936 年发表了投入产出技术的第一篇论文（《美国经济制度中投入产出数量关系》，载于《经济学和统计学评论》，1936 年 8 月），这标志着投入产出技术的诞生。之后通过若干年的研究，他提出了投入产出表（input-output table，以下简称 IO 表）的编制方法，奠定了投入产出分析的基本分析框架，开创了投入产出分析的新纪元。由于在投入产出分析方面的卓越贡献，列昂惕夫于 1973 年获得第五届诺贝尔经济学奖。

1.1.2 投入产出分析方法的发展

列昂惕夫提出投入产出分析方法并编制了美国 1919 年和 1929 年 IO 表以后，最初并没有得到美国经济学界和美国政府的重视。第二次世界大战开始，美国总统罗斯福订购了五万架军用飞机，有关部门考虑了对铝的消耗，但未考虑到飞机会消耗（完全消耗）大量铜，因此引起铜的严重短缺，最后被迫使用更昂贵的白银作为铜的替代品。负责军工的管理人员由此深感为取得战争胜利不仅需要新的武器和装备，而且需要有科学的管理方法来安排和计划生产、进行军事调度等。1944 年美国劳动统计局在列昂惕夫指导下编制的 1939 年美国 IO 表（包括 96 个生产部门）问世，得到美国军事部门和其他一些政府部门的重视。美国劳动统计局利用 1939 年 IO 表计算了美国 1945 年年底的就业状况。

第二次世界大战后美国劳动统计局与空军合作编制了 1947 年 IO 表。这是美国官方编制的第一个大型 IO 表，耗费高达 150 万美元，共有 500 多个生产部门。根据需要另有两个版本，即 44 个部门表和 190 个部门表。之后美国又编制了 1958 年 IO 表、1963 年 IO 表、1966 年 IO 表、1972 年 IO 表等。20 世纪 50 年代美国政府在经济学方面花钱最多的就是 IO 表。此外，美国很多州、城市等也编制了 IO 表，用来分析地区和地区间的经济联系。1948 年列昂惕夫在哈佛大学建立哈佛经济研究项目组（Harvard Economic Research Project，全称为 Research Project on the Structure of the American Economy），对推动投入产出研究工作和培养人才起了重要作用。

投入产出分析方法很快传播到世界上很多国家。西欧一些国家和日本于 20 世纪 50 年代前后开始编制 IO 表，接着很多发展中国家也着手编制 IO 表。据不完全统计，在 50 年代以前编制 IO 表的国家有美国、英国、丹麦、荷兰、挪威、加拿大和澳大利亚七个国家。50 年代很多发达国家如日本，发展中国家如埃及、马来西亚、赞比亚等，以及苏联和东欧很多国家都开始编制 IO 表。迄今，已有 100 多个国家和地区编制过 IO 表。联合国经济和社会事务部统计处于 1966 年和 1973 年先后出版和再版了《投入产出表和分析》一书，明确了投入产出分析在国民经济核算体系中的重要作用以及二者的重要联系。总的来说，投入产出分析已经成为国际上公认的科学的经济分析方法和常规的核算手段。

值得一提的是，随着投入产出分析方法的发展，IO 表的编制及应用也迅速地从国家层面扩散至地区层面，各地区开始编制地区内部的 IO 表并用于评估地区内部政策等的影响。早期的例子包括 Miernyk 等（1967）对科罗拉多州（Colorado）、Miernyk 等（1970）对西弗吉尼亚州（West Virginia）、Isard 和 Langford（1971）对费城（Philadelphia）等应用投入产出方法的实证研究[1]。目前，美国、欧盟、亚洲等主要的经济体除定期编制国家层面的 IO 表外，也定期编制地区层面的 IO 表。例如，美国各郡、州甚至市的投入产出数据及相应的乘数数据均可以从 MIG 公司发布的 IMPLAN 数据库查询得到，该数据库目前已被广泛用于分析各地区特定的政策变化或冲击给该地区带来的经济影响[2]。我国地区投入产出表

---

① 详见 Polenske（1980）对早期地区投入产出研究发展的综述。
② 详见 IMPLAN 主页，http://implan.com/V4/Index.php。

(以下简称地区 IO 表)的编制也已形成制度,由各地区统计局负责编制完成,并自 2007 年起开始对外公布。俄罗斯统计局通过专项调查会定期编制并发布俄罗斯 12 个区域的 IO 表(Granberg and Zaitseva,2000)。欧盟的地区 IO 表则多由独立的研究机构或研究团队,根据自己的研究目的编制。例如,Kronenberg(2007)编制了汉堡(Hamburg)地区的 IO 表,Kronenberg 和 Többen(2011)编制了德国北莱茵-威斯特法伦州(North Rhine-Westphalia)的 IO 表,D'Elia(2008)编制了北爱尔兰的 IO 表,Carmen 和 Esteban(2002)编制了西班牙阿斯图里亚斯(Asturias)地区的 IO 表等。类似地,澳大利亚的地区 IO 表也有很长的历史,且多是由独立的研究机构或研究团队编制而成。例如,Jensen 等(1977)编制了昆士兰及其所属十个地区的 IO 表,West 等(1979)编制了南澳大利亚及其所属五个地区的 IO 表,Powell 等(1981)编制了维多利亚州的 IO 表。Mohra 和 van Seventera(1988)编制了南非八个地区的 IO 表。

1.1.3　投入产出模型简介

按照不同的分类原则,投入产出模型可以有很多种类。例如,按照分析和研究的时期不同,可分为静态模型和动态模型两大类;按照计量单位的不同,可分为价值型投入产出模型、实物型投入产出模型、劳动型投入产出模型、能量型投入产出模型和混合型投入产出模型五大类;按照模型编制的范围可分为世界投入产出模型、全国投入产出模型、地区投入产出模型、部门投入产出模型、企业投入产出模型、地区(国家)间投入产出模型等。但最基本的模型仍是静态价值型投入产出模型,它是其他各种投入产出模型产生和应用的基础,其他各类模型均在此模型基础上发展得到。静态价值型投入产出模型以一个国家或地区的国民经济为描述对象,反映某一时期社会经济各部门之间的投入产出关系,反映这种关系的棋盘式表格称为 IO 表,其基本结构如表 1.1 所示。

表 1.1　静态价值型 IO 表结构

投入＼产出		中间需求				最终需求			总产出
		1	2	…	n	消费	资本形成	净出口	
中间投入	1 2 ⋮ n	$\boldsymbol{Z}(z_{ij})$				$\boldsymbol{F}(f_i)$			$\boldsymbol{X}(x)$
最初投入	固定资产折旧	$\boldsymbol{V}(v_j)$				—			—
	从业人员报酬								
	生产税净额								
	营业盈余								
总投入		$\boldsymbol{X}(x_j)$				—			—

其中，Z 为中间需求矩阵，z_{ij} 表示第 j 个部门对第 i 个部门产品的直接消耗量；F 为最终需求矩阵，f_i 表示第 i 个部门的产品作为最终需求的数量；V 为增加值矩阵，v_j 表示第 j 个部门的增加值数额；X 为总产出/总投入向量矩阵，x_j 表示第 j 个部门的总产出/总投入，二者完全相等。

IO 表从水平方向来看表示各部门产品在国民经济体系中的分配和使用情况，即用于中间需求和用于最终需求的情况。对于每一个部门，其产品的产出量都应该等于该部门产品的中间需求量和最终需求量之和。按照此平衡关系，对每一个部门的中间需求、最终需求和总产出都可以建立平衡方程，即为投入产出模型，对第 i 部门，有

$$\sum_{j=1}^{n} z_{ij} + f_i = x_i \quad (i = 1, 2, \cdots, n) \tag{1.1}$$

基于该模型[式(1.1)]可以定义直接消耗系数(input coefficients)a_{ij}，即某部门生产单位产品对相关部门产品的直接消耗，有

$$a_{ij} = z_{ij} / x_j \quad (i, j = 1, 2, \cdots, n) \tag{1.2}$$

其中，a_{ij} 表示第 j 个部门生产单位产品对第 i 个部门产品的直接消耗量，a_{ij} 可称为第 j 个部门对第 i 个部门产品的直接消耗系数。它反映了在一定技术水平下第 j 个部门与第 i 个部门间的技术经济联系，因此又将直接消耗系数称为技术系数或投入系数。n 个部门间的直接消耗系数可以用矩阵形式表示如下：

$$A = \begin{pmatrix} a_{11} & a_{12} & \cdots & a_{1n} \\ a_{21} & a_{22} & \cdots & a_{2n} \\ \vdots & \vdots & & \vdots \\ a_{n1} & a_{n2} & \cdots & a_{nn} \end{pmatrix}$$

影响直接消耗系数大小的因素主要有技术水平、管理水平、部门内部的产品结构、价格的相对变动、需求与生产能力的利用程度等。

由直接消耗系数定义[式(1.2)]得

$$z_{ij} = a_{ij} x_j$$

将其代入式(1.1)可得

$$\sum_{j=1}^{n} a_{ij} x_j + f_i = x_i \quad (i = 1, 2, \cdots, n) \tag{1.3}$$

令

$$X = (x_1 \ x_2 \cdots x_n)'$$
$$F = (f_1 \ f_2 \cdots f_n)'$$

则方程(1.1)可以用矩阵形式表示为

$$AX + F = X \tag{1.4}$$

该方程组变换得

$$X - AX = F$$
$$(I - A)X = F$$

从而有

$$X = (I - A)^{-1}F \qquad (1.5)$$

式(1.5)为列昂惕夫模型，是投入产出技术中最核心、最重要的公式，它反映了最终需求与总产出之间的关系。$(I-A)^{-1}$称为列昂惕夫逆矩阵(Leontief inverse matrix)，该矩阵全面地揭示了国民经济各部门之间错综复杂的经济关联关系，将其记为

$$B = (I - A)^{-1} \qquad (1.6)$$

其元素b_{ij}表示第j个部门为了获得单位最终需求时对第i个部门总产出的需求量，包括直接需求量和间接需求量。以粮食生产为例，粮食在生产过程中消耗了种子、化肥、柴油及电力等，此处对电力的消耗是粮食对电力的直接消耗；粮食生产过程中直接消耗了种子，种子的生产过程中也消耗了化肥和电力，此处种子对电力的直接消耗是粮食对电力的第一次间接消耗；同样，粮食生产中直接消耗的化肥、柴油、拖拉机、电力等的生产过程也对电力产生了消耗，粮食通过所直接消耗的产品产生的对电力的消耗，称为对电力的第一次间接消耗；种子生产过程中消耗了化肥，化肥在生产过程中也对电力产生消耗，那么对粮食生产过程而言，此处对电力的消耗为第二次间接消耗，即粮食通过第一次间接消耗的产品的生产对电力的消耗，依次递推可得粮食对电力的第三次、第四次……第无穷次间接消耗。根据列昂惕夫逆矩阵B，可以派生出很多扩展系数，如完全增加值系数、完全工资系数、完全税收系数、完全利润系数、完全折旧系数、完全能耗系数和完全劳动消耗系数等，详见陈锡康和杨翠红(2011)。

1.2　投入占用产出模型的产生

1.2.1　"占用"的提出

20世纪80年代初陈锡康教授等受中央有关部门的委托进行全国粮食产量预测研究，为此，编制了中国农业IO表。在编制过程中发现耕地和水在粮食生产中起重要作用，但耕地和水等自然资源在传统的投入产出技术中完全没有得到反映，进而发现固定资产、劳动力等在投入产出技术中也基本上没有得到反映。由此产生把"占用"引入传统投入产出技术的思想。传统的IO表中，总投入包括中间投入与最初投入两部分。中间投入是指生产过程对系统各部门产出的消耗，如材料、动力和劳务等的消耗。最初投入是指生产过程对初始要素，如固定资产、

劳动等的消耗，表现为固定资产折旧、从业人员报酬等。但在进行生产以前，必须具有掌握相应科学技术和管理技能的劳动力、固定资产、流动资金及自然资源（如耕地、矿产资源）等。生产的规模和效益在很大程度上是由占用品的数量和质量所决定的。为了提高生产水平首先就要求提高劳动力的熟练程度和采用先进的机器设备，即提高占用品的数量和质量，而这在传统 IO 表中是无法体现的。

1.2.2　投入占用产出模型简介

投入占用产出模型的主要特点是不仅研究部门间产品的投入与产出的数量关系，而且研究占用（包括自然资源、劳动力、固定资产、存货、金融资产等）与产出、占用与投入之间的数量关系，投入占用产出表基本表式如表 1.2 所示。

表 1.2　投入占用产出表基本表式

投入＼产出			中间需求与中间占用			最终需求与最终占用					总产出与总占用
			部门1	部门2	… 部门 n	消费	固定资本形成 $1,2,\cdots,n$	存货增加 $1,2,\cdots,n$	出口	进口	
投入部分	中间投入	部门1 部门2 ⋮ 部门 n	z_{ij}				f_i				x_i
	最初投入	从业人员报酬 固定资产折旧 生产税净额 营业盈余	v_{ij}				—				—
	总投入		x_j				—				—
占用部分	固定资产	部门1 部门2 ⋮ 部门 n	r_{ij}				f_i^R				r_i
	存货	部门1 部门2 ⋮ 部门 n									

续表

投入＼产出		中间需求与中间占用				最终需求与最终占用					总产出与总占用
		部门1	部门2	…	部门n	消费	固定资本形成 1, 2, …, n	存货增加 1, 2, …, n	出口	进口	
占用部分	金融资产 通货 存款 证券 股票 其他										
	劳动力 未上学者 小学 中学 大学及以上			r_{ij}			f_i^R				r_i
	自然资源 土地 水资源 矿产 森林等										
	其他 商标 专利 其他										

从水平方向看，投入占用产出模型的产出行平衡关系式与传统投入产出模型相同，可表示为

$$\sum_{j=1}^{n} z_{ij} + f_i = x_i \quad (i = 1, 2, \cdots, n) \tag{1.7}$$

即各部门总产出等于中间使用（中间需求）与最终使用（最终需求）之和。式(1.7)中，z_{ij} 表示部门间中间需求量，x_i 和 f_i 分别表示第 i 个部门的总产出和最终需求数，a_{ij} 表示第 j 个部门对第 i 个部门的直接消耗系数。由式(1.7)可得

$$\sum_{j=1}^{n} a_{ij} x_j + f_i = x_i \quad (i = 1, 2, \cdots, n) \tag{1.8}$$

投入占用产出模型中各类占用品的行平衡关系式可表示为

$$\sum_{j=1}^{n} r_{ij} + f_i^R = r_i \quad (i = 1, 2, \cdots, n) \tag{1.9}$$

即各类占用品的总占用量等于中间占用（生产领域占用）与最终占用（最终需求领域占用）之和。其中，r_{ij} 表示第 j 个部门占用的第 i 种资源数量，r_i 和 f_i^R 分别表示第 i 种资源的总占用量和最终需求领域的占用量。令 a_{ij}^R 表示第 j 个部门对第 i 种资源的直接占用系数，用于反映各生产部门单位产出对某种资源的直接占

用量。

$$a_{ij}^R = r_{ij}/x_j \ (i=1, 2, \cdots, m; \ j=1, 2, \cdots, n) \tag{1.10}$$

代入式(1.9)可得

$$\sum_{j=1}^n a_{ij}^R x_j + f_i^R = r_i \ (i=1, 2, \cdots, m) \tag{1.11}$$

把投入产出技术扩展为投入占用产出技术以后，可以得到一系列新的概念、模型和计算方法。首先以考虑固定资产的完全消耗系数矩阵为例，在传统的投入产出模型中，完全消耗系数的计算公式为

$$\boldsymbol{B} = (\boldsymbol{I}-\boldsymbol{A})^{-1} - \boldsymbol{I} \tag{1.12}$$

其中，$\boldsymbol{A}$、$\boldsymbol{B}$ 分别表示直接消耗系数矩阵和完全消耗系数矩阵；$\boldsymbol{I}$ 为单位矩阵。式(1.12)的主要缺点是在计算完全消耗时没有包括使用固定资产所产生的消耗。以钢对电力的完全消耗为例，式(1.12)包含了在中间投入范围内的直接消耗和间接消耗，如炼钢生产中消耗的生铁、煤、石灰石等对电力的各种消耗，但没有包括在炼钢过程中使用和消耗的机器设备和厂房中所包含的电力及生产机器设备和厂房所消耗的各种产品所耗用的电力。考虑这些固定资产的消耗后，利用投入占用产出技术计算新的完全消耗系数的公式如下：

$$b_{ij}^* = a_{ij} + \sum_{k=1}^n b_{ik}^* a_{kj} + \alpha_i d_{ij} + \sum_{s=1}^n b_{is}^* \alpha_s d_{sj} \ (i, \ j=1, 2, \cdots, n) \tag{1.13}$$

其中，b_{ij}^* 为包含固定资产消耗的完全消耗系数；α_i 为第 i 种固定资产的折旧率；d_{sj} 为第 j 个部门对 s 种固定资产的直接占用系数。式(1.13)等号右端第 3 项和第 4 项分别表示通过固定资产的直接消耗和间接消耗，如炼钢生产中所消耗的设备对电力的直接消耗和间接消耗。由此可得到

$$\boldsymbol{B}^* = \boldsymbol{A} + \boldsymbol{B}^* \boldsymbol{A} + \hat{\boldsymbol{\alpha}} \boldsymbol{D} + \boldsymbol{B}^* \hat{\boldsymbol{\alpha}} \boldsymbol{D} \tag{1.14}$$

其中，$\boldsymbol{B}^*$、$\boldsymbol{D}$、$\hat{\boldsymbol{\alpha}}$ 分别表示包含固定资产消耗的完全消耗系数矩阵、固定资产直接占用系数矩阵和固定资产折旧率对角矩阵。由此得出

$$\boldsymbol{B}^*(\boldsymbol{I}-\boldsymbol{A}-\hat{\boldsymbol{\alpha}} \boldsymbol{D}) = \boldsymbol{A} + \hat{\boldsymbol{\alpha}} \boldsymbol{D}$$

从数学上看矩阵$(\boldsymbol{A}+\hat{\boldsymbol{\alpha}} \boldsymbol{D})$有以下两个性质。

(1)元素均为非负，即$(a_{ij}+\alpha_i d_{ij}) \geqslant 0 \ (i, \ j=1, 2, \cdots, n)$。

(2)列和小于 1，即 $\sum_{j=1}^n (a_{ij}+\alpha_i d_{ij}) < 1 \ (j=1, 2, \cdots, n)$。

利用这两个性质，从数学上可以证明矩阵$(\boldsymbol{I}-\boldsymbol{A}-\hat{\boldsymbol{\alpha}} \boldsymbol{D})$为非奇异矩阵，其逆矩阵存在。由此可以得到

$$\boldsymbol{B}^* = (\boldsymbol{A}+\hat{\boldsymbol{\alpha}} \boldsymbol{D})(\boldsymbol{I}-\boldsymbol{A}-\hat{\boldsymbol{\alpha}} \boldsymbol{D})^{-1}$$
$$= [\boldsymbol{I}-(\boldsymbol{I}-\boldsymbol{A}-\hat{\boldsymbol{\alpha}} \boldsymbol{D})](\boldsymbol{I}-\boldsymbol{A}-\hat{\boldsymbol{\alpha}} \boldsymbol{D})^{-1}$$
$$= (\boldsymbol{I}-\boldsymbol{A}-\hat{\boldsymbol{\alpha}} \boldsymbol{D})^{-1} - \boldsymbol{I} \tag{1.15}$$

按照式(1.15)计算的完全消耗系数数值显然大于或等于利用原有式(1.12)计算的完全消耗系数数值。

把包含固定资产损耗的完全消耗计算方法扩展到所有占用品损耗,得出一般性的包括占用过程中损耗的新的完全消耗系数的计算公式如下:

$$\boldsymbol{B}^* = (\boldsymbol{I} - \boldsymbol{A} - \boldsymbol{M}\hat{\boldsymbol{\alpha}}^* \boldsymbol{A}^R)^{-1} - \boldsymbol{I} \qquad (1.16)$$

其中,$\boldsymbol{A}^R = (a_{ij}^R)_{m \times n}$ 为 $m \times n$ 阶直接占用系数矩阵,$\hat{\boldsymbol{\alpha}}^*$ 为向量(α_1^*,α_2^*,…,α_m^*)′生成的 m 阶占用品损耗系数对角阵;$\boldsymbol{M} = (m_{ij})_{n \times m}$ 为 $n \times m$ 阶补偿系数矩阵,其元素 m_{ij} 表示为补偿单位第 j 种占用品的损耗所需第 i 个部门产品的数量(如该类占用品为生产部门的产出,则 $\boldsymbol{M}$ 为单位矩阵)。对于固定资产,式(1.16)中 $\boldsymbol{M}$ 的对应部分为单位矩阵,$\hat{\boldsymbol{\alpha}}^*$ 的对应部分为 $\hat{\boldsymbol{\alpha}}$,$\boldsymbol{A}^R$ 的对应部分为 $\boldsymbol{D}$。

如果采用按部门规定占用品损耗系数的方式,即采用 $\hat{\boldsymbol{\beta}}^*$,则一般性的包括占用过程中损耗的新的完全消耗系数的计算公式如下:

$$\boldsymbol{B}^* = (\boldsymbol{I} - \boldsymbol{A} - \boldsymbol{M}\boldsymbol{A}^R\hat{\boldsymbol{\beta}}^*)^{-1} - \boldsymbol{I} \qquad (1.17)$$

其中,$\hat{\boldsymbol{\beta}}^*$ 为(β_1^*,β_2^*,…,β_n^*)′生成的对角阵;β_j^* 表示第 j 个部门占用品的损耗系数。

基于新的考虑占用的完全消耗系数计算方法,同样可以推导出一系列系数,如各种产品对水、能源和各种资源的完全消耗量计算公式,对固定资本、流动资本、劳动力的完全占用系数的概念和计算方法,以及提出投资对国内生产总值(GDP)的净乘数效应、后向总效应、后向净效应等概念和计算方法等,详见陈锡康和杨翠红(2011)。

1.3　中国地区投入占用产出模型的发展

1.3.1　投入产出分析方法在中国的引入

投入产出分析方法在我国的研究和应用始于 20 世纪 50 年代末。在钱学森和华罗庚的积极倡导下,中国科学院数学研究所运筹室于 1959 年成立经济组,并开始了对投入产出技术的研究。与此同时,中国科学院经济研究所也成立了一个研究小组,研究投入产出技术。上述两个研究小组的成员包括李秉全、陈锡康、乌家培、张守一等,他们是最早把投入产出技术引入我国的学者。

在我国高校中,中国人民大学计划经济系在钟契夫的带领下,最早进行了投入产出技术的研究,重点是"以'投入产出技术'为突破口,着手探讨在计划统计工作中应用现代科学方法和数量经济分析技术"(钟契夫等,1993)。

"文化大革命"开始后，所有研究工作被迫中断，投入产出技术的研究和应用受到阻碍。当时国内投入产出技术的研究和应用工作几乎处于停顿状态。在这种困难的情况下，国家计划委员会接受了陈锡康等的建议，由中国科学院陈锡康等与北京经济学院、中国人民大学和国家计划委员会计算中心等单位合作，从1974至1976年经过两年的努力，成功编制"中国1973年61类主要产品投入产出表"。陈锡康、李秉全等编著和印刷了《部门间综合平衡方法》。1973年IO表为实物型表，由国家计划委员会计算中心于1979年内部印刷成书，这是中国编制的第一个全国IO表，在制订投资计划和产品生产计划等方面发挥了积极的作用。

1.3.2 中国地区 IO 表的编制情况

十一届三中全会以后，党和国家把工作重点转移到经济建设上，这就为包括投入产出技术在内的现代经济分析方法的研究和应用创造了条件。从此，IO表的编制、投入产出技术的研究和应用工作都得到了迅速的发展。1980年，按照国家统计局的要求，山西省统计局编制了山西省1979年IO表，为编制全国IO表提供了经验。1982年，国家统计局和国家计划委员会组织有关部委编制了1981年价值型IO表和实物型IO表。1981年价值型IO表被称为物质产品投入产出表（system of material product balance，MPS），是当时计划经济体制和MPS统计体系的产物，符合计划经济体制宏观经济管理的需要。顾名思义，物质产品投入产出表的核算对象是物质生产活动，1981年价值型IO表将物质生产活动划分为26个产品部门，表的规模较小。1981年实物型IO表包括146种实物产品，是我国编制的第二张实物型IO表。

在1981年全国投入产出价值表的基础上，1984年国家统计局编制了1983年价值型投入产出延长表，该表包括22个物质产品部门，除农业部门外，其他部门与1981年完全一致，1981年价值型IO表中的农业活动被分为5个农业部门，而在1983年投入产出延长表中未对农业活动进行细分。

1987年3月底，为了适应改革开放的需要，加强国民经济宏观调控和管理，提高经济决策的科学性，国务院办公厅发出了《关于进行全国投入产出调查的通知》（国办发〔1987〕18号），明确规定每五年（逢2年、逢7年）进行一次全国性的投入产出调查和编表工作。除个别地区外，由各省（自治区、直辖市）的统计局负责在投入产出调查的基础上编制相应年份的本地区投入产出基本表和延长表，由国家统计局负责编制相应年份的全国投入产出基本表和延长表。1987年全国和各地区IO表的成功编制和在宏观经济调控等方面的成功应用，标志着IO技术在我国发展到一个新的阶段。与以往不同的是，1987年IO表的核算对象不仅包括物质生产活动，还首次将非物质生产活动作为核算对象，为以后编制SNA (system of national account)式 IO 表进行了有益的探讨，积累了经验。1987 年 IO 表将国民经济活动划分为 118 个部门，其中物质生产活动部门 101 个，非物质生产活动 17 个。

1992 年，国家和各地区统计局在 1987 年全国 IO 表的基础上，编制了 1990 年投入产出延长表。

1994 年和 1995 年，国家和各地区统计局先后编制了 1992 年 IO 价值表和实物表，1992 年 IO 表为国民经济核算体系全面转轨提供了数据依据。

1996 年，国家和各地区统计局在 1992 年 IO 表的基础上，编制了 1995 年投入产出延长表。

1999 年，国家和各地区统计局编制了 1997 年 IO 表。

2002 年，国家和各地区统计局在 1997 年 IO 表的基础上，编制了 2000 年投入产出延长表。

2006 年，国家和各地区统计局编制了 2002 年 IO 表。

2010 年，国家和各地区统计局编制了 2007 年 IO 表。

自 1992 年起，价值型 IO 表均采用了国际通用的表式，即 SNA 式 IO 表，进一步满足了国际比较的需要。1992 年价值型 IO 表包括 119 个部门，在 1987 年 118 个部门基础上增加了废品废料部门。1997 年 IO 表的部门分类将国民经济划分为 124 个部门，随着国民经济行业分类的变化，它与以往的部门分类有所差异。2002 年 IO 表的部门分类将国民经济划分为 122 个部门，采用国际通用的部门分类标准，对 1997 年的部门分类进行了微调，其中特别是服务业的部门分类进行了细化和归类调整。1995 年和 2000 年 IO 表为延长表，按照 1992 年投入产出部门 II 级分类，1995 年投入产出延长表将国民经济生产活动划分为 33 个部门。2000 年全国投入产出延长表包括 40 个部门。

与国外地区 IO 表有所区别的是，我国地区 IO 表仅提供了包含调入在内的技术投入中间流量，对地区的内部投入与外部投入未作详细的调查区分，其核算体系和编制方法与全国 IO 表保持完全一致。作为区域经济计量分析中的一种重要工具，地区 IO 表在经济、预测、政策模拟等方面得到了广泛的应用。

1.3.3　中国地区投入占用产出模型的应用

自 20 世纪 80 年代陈锡康研究员创立投入占用产出模型以来，受到国际知名学者，如美国科学院院士 W. Isard、诺贝尔经济学奖获得者列昂惕夫教授、澳大利亚昆士兰大学 R. C. Jensen 教授和 A. G. Kenwood 教授等的好评，认为是"非常有价值的发现"、"先驱性研究"及"投入占用产出及完全消耗系数的计算方法是我们领域的一个非常重要的发明和创新"。该模型目前已成功用于多项研究，包括全国粮食产量预测研究、考虑人力资本的教育-经济动态模型研究、对外贸易相关问题及可持续发展水资源管理等,详见陈锡康和王会娟(2010)综述。

　　随着投入占用产出模型影响的不断扩大,该模型在区域经济分析中也逐渐得到应用。高峰和雷声隆(1998)根据灌区特点建立了灌区投入占用产出模型,结合韶山灌区情况编制了灌区投入占用产出表,利用该模型揭示了灌区水资源对区域经济增长所产生的直接和间接的影响及灌区经济发展的内部联系。刘秀丽和陈锡康(2003)编制了1999年珠江流域投入占用产出表,从各有关产业部门单位增加值耗水量、影响力系数、感应度系数、固定资产投资净效果、增加值比重、就业净效果等指标分析产业部门间的结构关系,应用投入产出局部闭模型方法计算水利投资的后向总效应和净效应,据此提出珠江流域水资源开发中存在的防洪减灾、城市和工业用水、农业用水问题及对策。李景华和陈锡康(2004)编制了1999年长江流域片51部门水利投入占用产出表,计算出长江流域片各种用水系数,包括直接用水系数、完全用水系数、增加值用水系数和用水乘数,并在此基础上对长江流域片水资源利用和经济发展特点进行了分析,对长江流域片未来经济可持续发展和产业结构调整提出了建议。雷小牛等(2005)编制了新疆的投入占用产出表,计算了在水价提升1%的情况下对新疆国民经济各部门物价水平和生产成本的波及影响,进而阐述了建立节水型国民经济体系、实现水资源的循环应用的重要意义。刘晓静(2007)在建立我国东部、中部、西部、东北地区金融投入占用产出表的基础上,结合结构分解模型(structural decomposition analysis, SDA),构建了地区间金融差异SDA系统模型,将地区间金融发展水平差异的形成分解为各个因素,对各个因素的贡献度进行了分解和综合衡量。付强等(2011)基于投入占用产出理论,建立黑龙江省水资源IO表,计算该省的用水效率和用水效益,并据此对黑龙江省国民经济部门的用水特性进行了综合评价。

　　从这些应用可以看出,投入占用产出模型在地区的应用还比较单一,基本集中在水资源相关管理问题上。究其原因,主要有两点,一是我国各地区的IO表是自2008年起开始对外公布,目前只公布了2002年和2007年30个地区(除西藏和港澳台地区外)的IO表。在这之前,只有小部分研究机构或研究小组能够得到逢2年、逢7年年度我国各地区的IO表数据。作为模型的重要基础数据,没有地区IO表或已有IO表较少及涵盖的时期较短的现状,严重阻碍了相关研究的开展。二是在传统的地区投入产出数据的基础上,地区投入占用产出模型还需要编制分部门的相应占用数据,而这些数据的统计在地区层面还较为薄弱。以编制固定资本占用数据为例,需要各部门较长时期内的历年固定资产投资数据和折旧数据,这样的数据需求在地区层面很难实现,这也在一定程度上阻碍了地区投入占用产出模型的发展。

　　本书作者与各地区的统计局相关科室联系,获取了我国大部分地区1997年和2002年的时序IO表数据,并基于此对地区投入占用产出模型的基础数据编制方法和应用进行重点讨论。在地区投入占用产出表的编制方面，由于调查表的编制需要投入大量人力、物力，基于已有统计数据和小规模调查进行的低成本混合编表方法一直受到学界和统计部门的重视。我国逢 0 年、逢 5 年年度编制的投入产出延长表，即采用了混合编表法(hybrid method)。但目前国内尚缺乏对已有混合编表方法精度的讨论。本书的编制方法部分首先致力于讨论如何提高现有地区投入占用产出表的混合编制方法精度。在小规模调查方法部分，讨论在既定的调查成本限制的情况下，应选取哪些系数或部门作为重点的先验调查信息；在整体的非调查估计方法部分，讨论应如何尽量利用已有统计信息提高方法的估计精度。具体分为两章，一章证明了应从关键部门(key sector)的判定而非重要系数的角度入手确定先验信息，并在此基础上提出了基于 GDP 的关键部门弹性判别法，将其用于地区 IO 表的预测。结果表明这种方法对于 GDP 的整体预测精度有更好的促进效果。另一章基于我国地区投入产出系数的特点，提出了基于稳健回归的基础经济结构(fundamental economic structure，FES)法，并将其预测结果与传统编表方法进行比较。结果表明，基于稳健回归的 FES 法明显具有更高的拟合效果与估计准确度。

在地区投入占用产出表的应用部分，由于地区投入占用产出表不仅提供了地区各产业的支出法和收入法计算地区 GDP 的详细核算数据，也对地区内部各产业之间相互联系、相互依赖和相互制约的关系进行统计描述，所以在研究经济结构上具有很大的优势。本书以全国各地区历年 IO 表作为基础数据，从经济结构角度对我国地区发展不平衡的问题进行系统化研究。从时间维度，分发达地区和欠发达地区，对经济发展及其伴随的结构变迁进行分析，找出发达地区的增长极，为欠发达地区提供经验与借鉴，同时也为发达地区的进一步发展提供建议；从空间维度，比较各地区的经济发展差异，并重点从产业结构、需求结构和分产业劳动生产率角度对形成地区发展差异的成因进行探讨；结合空间时间维度的讨论，对发达地区优于欠发达地区的结构化成因进行剖析，找出发达地区持续发展的增长极，并为欠发达地区提供经验及借鉴，提出相应的政策建议，实现共同发展。

参考文献

陈锡康，王会娟 .2010. 投入占用产出技术的若干重要应用 . 管理学报，(12)：1737-1740.

陈锡康，杨翠红 .2011. 投入产出技术 . 北京：科学出版社 .

付强，崔海燕，邢贞相 .2011. 基于投入占用产出理论的黑龙江省水资源经济分析 . 黑龙江大学工程学报，(4)：34-39.

高峰，雷声隆 .1998. 灌区投入占用产出模型 . 水利学报，(2)：34-41.

雷小牛，丘远尧，王忠山，等 .2005. 水价提升的波及影响与分析研究 . 中国水利，(13)：

107-112.

李景华，陈锡康.2004.长江流域片水利投入占用产出分析.长江科学院院报，（2）：44-47.

刘晓静.2007.基于投入占用产出技术的地区间金融差异 SDA 分析.中小企业科技，（7）：36-38.

刘秀丽，陈锡康.2003.珠江流域水利投入占用产出表的分析和应用.水利经济，（1）：35-39.

钟契夫，陈锡康，刘起运.1993.投入产出分析.北京：中国财政经济出版社.

Carmen R S，Esteban F V. 2002. Temporal projection of an input-output tables series for the region of Asturias. RePEc：ersa 02-211.

D'Elia J L I. 2008. Northern Ireland's input-output table：an application of Kronenberg's derivative approach. Economic Research Institute of Northern Ireland Working Paper.

Granberg A，Zaitseva I. 2000. Comparative regional analysis on the base of the system of the aggregated input-output tables. The 40th Congress of the European Regional Science Association，August，Barcelona，Spain.

Isard W，Langford T. 1971. Regional Input-Output Study：Recollections，Reflections，and Diverse Notes on the Philadelphia Experience. Cambridge：The MIT Press.

Jensen R C，Mandeville T D，Karunaratne N D. 1977. Generation of regional input-output tables for Queensland. Report to the Co-ordinator General's Department and Department of Commercial and Industrial Development，Department of Economics，University of Queensland.

Kronenberg T. 2007. Derivative construction of regional input-output tables under limited data availability. Institut für Energieforschung，Systemforschung und Technologische Entwicklung，Forschungzentrum Jülich，Jülich，Germany.

Kronenberg T，Többen J. 2011. Regional input-output modelling in Germany：the case of North Rhine-Westphalia. MPRA（Munich Personal RePEc Archive）Paper，No. 35494.

Leontief W.1936. Quantitative input-output relations in the economic system of the United States. Review of Economics and Statistics，18：105-125.

Miernyk W H，Ernest R B，John H C，et al.1967. Impact of the Space Program on a Local Economy：An Input-Output Analysis. Morgantown：West Virginia University Library.

Miernyk W H，Kenneth L S，Douglas M B，et al. 1970. Simulating Regional Economic Development：An Interindustry Analysis of the West Virginia Economy. Lexington：Health Lexingtox Books.

Mohra I T，van Seventera D E N. 1988. The compilation and application of provisional regional input-output tables for Southern Africa. Development Southern Africa，5(4)：420-432.

Polenske K. 1980. The U.S. Multiregional Input-Output Accounts and Model. Lexington：Health Lexington Books.

Powell R A，Jensen R C，West G R，et al.1981. The impact of the Tobacco industry on regional，state and Australian economies. Report to the Tobacco Institute of Australia Limited，Department of Agricultural Economics and Business Management，University of New England and Department of Economics，University of Queensland.

West G R, Wilkinson J T, Jensen R C. 1979. Generation of regional input-output tables for the state and regions of South Australia. Report to the Treasury Department, Department of Urban and Regional Affairs, Department of Trade and Industry, Department of Economics, University of Queensland.

第 2 章

地区投入产出表的先验信息选取方法

2.1 地区投入产出表的先验信息选取方法综述

作为区域经济计量分析的重要工具，地区 IO 表的编制方法一直是投入产出学界关注的焦点。编制地区 IO 表的方法大致可概括为三类(Lahr, 1993)，一为调查法(survey method)，即首先进行各部门的物料消耗及来源(或流向)、增加值产生、最终消费及调入调出的专项调查，对调查数据进行处理调整生成；二为非调查法(non-survey method)，即结合本地区各部门增加值、最终消费、总产出等已有统计数据，利用具有类似消耗结构的 IO 表，用一定的数学方法进行调整生成。前一种方法需要投入大量人力、物力、财力，对除官方统计局之外的其他机构而言，有很大难度；而后一种方法，表的准确度又与调查法相差甚远；所以，便产生了兼具两者优点的第三种方法：混合编表法。混合编表法对重要部门的投入系数或部分重要投入系数采用调查法并将其作为先验信息，对其他投入系数则采用非调查法，基于某张具有类似结构的 IO 表调整生成。目前，混合编表法已被越来越广泛地用于地区表编制(Oosterhaven et al., 1986; Lahr, 2001)。

在我国，各省(自治区、直辖市)编制 IO 表已形成了基本制度，逢 2 年、逢 7 年年度的地区 IO 表由调查法得到，遵循与全国 IO 表相同的数据调查和数据处理流程，逢 0 年、逢 5 年年度的延长表则采用混合编表法得到，对部分重要系数采取了调查并将其作为先验信息后，再用双比例平衡法(biproportional scaling method，RAS)将较早年份的投入产出系数调整至目标年份(国家统计局国民经济核算司，2005)。

Lahr(2001)曾将混合编表法中编制地区 IO 表的先验信息选取方法分为两

类：一类为选取固定比例的重要系数（important coefficients，ICs），并采用调查、从已有统计资料中估计等方式得到；第二类为选取横向或者纵向的重要部门 i，对所有其他部门对第 i 个部门的中间投入（即第 i 个部门的纵向中间投入）或者第 i 个部门对其他所有部门的中间分配（即第 i 个部门的横向中间分配）进行调查，调查方式与通常的投入产出调查方式相同，选取大、中、小型典型企业，按照一定的比例将各类型的企业中间投入加权得到整体投入系数。因此，本节有关先验信息的选取综述将分为四部分内容，即重要系数的选取方法、关键部门的判定方法、已有先验信息选取方法的比较及先验信息的确定。

2.1.1　重要系数的选取方法

重要系数又名重点系数或主系数，是指在 $n \times n$ 个直接消耗系数中对经济系统最具影响力的那一小部分系数。如前所述，在投入产出分析的框架内，直接消耗系数矩阵（以 A 表示）的地位至关重要，其价值主要体现在两个方面：第一，A 矩阵反映部门间的直接经济联系，具有技术定额和生产投入的含义，这是其直接意义；第二，A 矩阵是计算列昂惕夫逆矩阵［以 B 表示，$B = (I-A)^{-1}$］的基础，而在投入产出分析的核心模型中，作为外生变量的最终需求 Y 正是通过列昂惕夫逆矩阵来决定各部门总产出 X 的数量的，$X = (I-A)^{-1} \cdot Y$，所以在最终需求外生化的情况下，A 矩阵是决定总产出等经济变量的主要系统内因素，这是其逆意义。基于直接消耗系数矩阵研究和判定重要系数，对进一步把握复杂经济系统中的关键链条、IO 表的更新乃至非线性投入产出模型的建立等方面都具有重要的意义。本小节将对目前判定重要系数所采用的主要方法进行综述。

1. 累计规模法

与直接消耗系数的两重意义相应，选取重要系数也具有两种思路。第一种直接从 A 矩阵出发，按系数的大小决定重要系数，这种思路以 A 矩阵的直接意义为基础，要求所选出的重要系数在数量有限的情况下对部门间的直接联系最具代表性，即为累计规模法。其具体做法如下：将所有直接消耗系数按照从大到小的顺序排列，并乘以相应的总产出得到流量值，将流量值按顺序累积；当累积流量达到总中间投入流量的一定比例时，即将已累积流量所对应的系数选取为重要系数。Jensen 和 West（1980）、West（1981，1982）均认为累计规模法是先验信息判定中应优先选用的方法。我国在采用混合编表法编制延长表时，即采用了累计规模法判定重要系数，一般将累计规模比例取为 20%，根据其他统计资料估计重要系数后，再全面使用 RAS 法调整得到延长表（钟契夫和陈锡康，1987）。

2. 影响域法

选取重要系数的另一种思路是以 A 矩阵的逆意义为基础，从 A 矩阵对 B 矩阵以及进一步由 B 矩阵决定的总产出等经济量的影响出发，以影响力大者为重要系数，这种思路的解析基础是误差传递理论(error transmission theory)。

在投入产出领域，误差传递理论原本用于分析投入产出模型对直接消耗系数估计误差的敏感性，但自 Jilek(1971)、Schintke 和 Staglin(1988)等将它作为一种解析框架用以选取重要系数，目前该理论已成为从列昂惕夫逆矩阵角度选取重要系数的主要工具。误差传递理论的核心是 Sherman-Morrison 公式，该公式测度直接消耗系数矩阵中单一元素 a_{ij} 变化单位 e(其他元素不变)对列昂惕夫逆矩阵中元素 b_{kl} 的影响。

$$b_{kl}(e) = b_{kl} + \frac{b_{ki}b_{jl}e}{1 - b_{ji}e} \tag{2.1}$$

其中，$b_{kl}(e)$ 为 a_{ij} 发生单位变化 e 以后 b_{kl} 的数值。利用 Sherman-Morrison 公式并略加改进，就可以计算单一直接消耗系数变化对列昂惕夫逆矩阵整体及总产出等经济量的影响，从而选取重要系数。影响域法(field of influence)即为 Sonis 和 Hewings(1992)基于式(2.1)所提出的方法。该方法依据直接消耗系数变化对列昂惕夫逆矩阵整体的影响幅度决定哪些系数为重要系数，其计算方法如下：

将 Sherman-Morrison 公式写成矩阵形式：

$$\boldsymbol{B}(\boldsymbol{E}) = \boldsymbol{B} + \frac{1}{1 - b_{ji}e} \cdot \boldsymbol{F}(i, j) \cdot e \tag{2.2}$$

其中，$\boldsymbol{B}(\boldsymbol{E})$ 表示当其他直接消耗系数保持不变，a_{ij} 变化 e 之后的列昂惕夫逆矩阵，$\boldsymbol{B}$ 为 $\boldsymbol{A}$ 矩阵未发生任何变化时的列昂惕夫逆矩阵；b_{ji} 为 $\boldsymbol{B}$ 矩阵中第 j 行第 i 列的元素；$\boldsymbol{F}(i, j)$ 为 $\boldsymbol{B}$ 矩阵中第 i 列和第 j 行相乘得到的一个 $n \times n$ 阶矩阵，Sonis 和 Hewings(1992)将它定义为直接消耗系数 a_{ij} 的影响域。

可以看到，由于 e 一般是个很小的数，$1 - b_{ji}e$ 就非常接近于 1，所以以影响域 $\boldsymbol{F}(i, j)$ 是决定 $\boldsymbol{B}$ 矩阵整体变化幅度的主要因素，这样通过比较不同直接消耗系数的影响域，就可以确认重要系数。由于影响域是一个矩阵，所以为便于比较，需要选择一个指标来度量矩阵的大小，一般常用的指标是 $\sum f_{ij}$，即对矩阵中所有元素(所有元素均为正值，故不需绝对值)求和。计算所有直接消耗系数的影响域矩阵的元素和，按顺序从大到小排列，就可得到按重要程度排列的直接消耗系数序列，根据 n 的大小和实际需要，选择其中最大的一部分系数作为重要系数，这就是影响域法。

3. 容忍限法

容忍限法(tolerable limits)最早由 Jilek(1971)提出，其判断重要系数的理论基础虽仍是 Sherman-Morrison 公式，但建立判断标准的思想与影响域法正好相反，影响域法给定直接消耗系数的变化幅度，根据影响对象的变化大小决定重要系数，而容忍限法则首先给定影响对象(各部门总产出、列昂惕夫逆矩阵中元素等)的变化幅度，计算要达到此种变化幅度，每个直接消耗系数需要变化的数量

（在其他系数不变的情况下），即容忍限。显然，容忍限越小，该系数对目标函数的影响越大。然后给定一个域值，当某个 a_{ij} 的容忍限小于域值时，即选取其为重要系数。通常，容忍限法以对总产出的影响程度作为判断重要系数的依据。此时容忍限 r_{ij} 的计算公式如下：

$$r_{ij} = \frac{1}{a_{ij}(b_{ji} + 100b_{ii}x_j/x_i)} \qquad (2.3)$$

其含义如下：给定各个部门的总产出因 a_{ij} 变化而发生的最大相对变化率为 1%，即 Δx_i 等于 $0.01x_i$（在所有 n 个部门的总产出中，受 a_{ij} 变化影响最大的部门必定是第 i 个部门），此时所需要的 a_{ij} 的相对变化率（$\Delta a_{ij}/a_{ij}$）。按照习惯做法，当一个系数的容忍限 r_{ij} 小于 0.2 时，认为该系数为重要系数。这意味着：如果一个直接消耗系数能以小于等于 20% 的变化率导致各部门总产出的最大变化率为 1%，则此系数为重要系数。

2.1.2　关键部门的判定方法

关键部门，又称主导部门或主导产业。其概念是在经济发展阶段论的基础上逐步演化而建立起来的，它常常被描述成有利于整个经济的增长并不断提升整个经济结构，并与其他产业具有强烈关联性、具有主导国家经济发展特性的重要经济部门。

一般认为美国经济学家 W. W. Rostow 是最早提出关键部门概念的学者。他认为，不论在任何时期，甚至在一个已经成熟并继续成长的经济中，保持前进冲击力是为数有限的关键部门迅速扩大的结果，而且这些部门的扩大对其他部门也有重要影响。他在研究经济起飞问题时指出，作为关键部门应有以下特性：第一，依靠科学技术进步，获得新的生产函数；第二，形成持续高速的增长率；第三，具有较强的扩散效应，对其他部门乃至所有部门的增长起着决定性的作用。这三个特性反映了关键部门的性质和特有的作用，它们是有机整体，缺一就不能称其为关键部门。高增长率并不能解释关键部门的特有作用，因为其他部门也可能保持较高的增长率，这是由外部需求决定的；只有少数兼备较强扩散（关联）效应的部门，才构成关键部门。可见，关键部门除了吸收科技进步、引入新的生产函数和保持高速增长的一般特性外，其扩散效应是区别于其他部门最重要的特性。随着社会分工日益深化，带动整个经济发展的从单一的关键部门变成了若干部门共同起作用的"关键部门综合体"（戎刚，2000）。

顾名思义，"关键"这个词本身就隐含着从部门的集合中进行挑选的过程，完成这个过程需要对各部门的特点做比较性的描述，从而提供选择的依据。目前最能反映部门间全面、细致联系的核算方式是 IO 表，因此 IO 表已成为判定关键部门不可或缺的工具。本小节将对基于 IO 表的关键部门判定方法进行综述。

1. 传统的关联度分析方法

最先以关联度分析研究关键部门的是 Chenery 和 Watanabe(1958)基于直接消耗系数提出的前向和后向关联系数。

$$前向关联：[U_i] = \boldsymbol{Ai} \qquad (2.4)$$

$$后向关联：[U_j] = \boldsymbol{i}^{\mathrm{T}}\boldsymbol{A} \qquad (2.5)$$

其中，$\boldsymbol{A}$ 为直接消耗系数矩阵；$\boldsymbol{i}$ 为求和向量，$\boldsymbol{i} = (1, 1, \cdots, 1)^{\mathrm{T}}$，但这一指标仅仅考虑了部门间的直接经济关联关系，未反映部门间的间接关联关系，对部门间关联关系的描述是不完全的。

完全关联度分析的奠基人公认为是 Rasmussen，他基于列昂惕夫逆矩阵构造了扩散能力(power of dispersion)和扩散感应(sensitivity of dispersion)指标，以此描述部门的重要性(Rousseeuw and Zomeren，1990)。

定义列昂惕夫逆矩阵为

$$\boldsymbol{B} = (\boldsymbol{I} - \boldsymbol{A})^{-1} = [b_{ij}]_{n \times n}$$

则扩散能力指标为

$$B._j = \sum_i b_{ij} \qquad (2.6)$$

扩散感应指标为

$$B_i. = \sum_j b_{ij} \qquad (2.7)$$

由各部门扩散能力和扩散感应指标的值能准确分析它们各自在国民经济中的地位和作用。它们分别从前、后向关联的角度描述各部门对社会经济系统依赖程度的大小。一般情况下，第 j 个部门的扩散能力指标 $B._j$ 越大，表示第 j 个部门与国民经济各部门的后向关联关系就越强，其生产活动对全社会所产生的直接和间接需求越大，该部门对社会经济系统产生的波及效应也越大。$B_i.$ 则反映了第 i 个部门与国民经济各部门的前向关联关系。

此后，Hirschman(1958)将扩散能力指标和扩散感应指标标准化，定义出扩散度系数和感应度系数。

设 $\bar{B} = \dfrac{1}{n^2} \sum_i \sum_j b_{ij}$，则扩散度系数为

$$U_j = \frac{B._j / n}{\bar{B}} \qquad (2.8)$$

感应度系数为

$$U_i = \frac{B_i. / n}{\bar{B}} \qquad (2.9)$$

其中，n 为经济中的部门数目。经标准化后，对整个经济体有 $\dfrac{1}{n} \sum_j U_j = 1$ 和

$\frac{1}{n}\sum_i U_i = 1$。以扩散度系数 U_j 为例，可以根据其值的大小评价第 j 个部门对社会经济系统拉动力的强弱。当 $U_j > 1$ 时，说明第 j 个部门对社会经济系统的拉动作用超过社会平均水平（各部门所产生的拉动作用的平均水平）；当 $U_j = 1$ 时，说明第 j 个部门对社会经济系统的拉动作用与社会平均水平相当；当 $U_j < 1$ 时，说明第 j 个部门对社会经济系统的拉动作用低于社会平均水平。与扩散度系数一样，也以 U_i 值的大小评价第 i 个部门对整个系统推动作用的强弱，第 i 个部门的感应度系数 U_i 的值越大，说明系统的运行对该部门的依赖性就越强，它在社会经济系统中越具基础性地位。当 $U_i > 1$ 时，说明整个社会经济系统运行对第 i 个部门的依赖水平超过社会平均水平；当 $U_i = 1$ 时，说明整个社会经济系统运行对第 i 个部门的依赖水平与社会平均水平相当；而当 $U_i < 1$ 时，说明整个社会经济系统运行对第 i 个部门的依赖水平低于社会平均水平。据此可以认为，关键部门就是那些扩散度系数或感应度系数大于 1 的部门。

2. 基于产出矩阵的特征向量法

Beyers(1976)指出，后向关联和的数值，实际上可以看成前向关联的系数。借鉴 Augustionvics(1972)在产业结构比较中的思想，Beyers(1976)构造了一个分配系数矩阵 $\boldsymbol{S} = [s_{ij}]_{n \times n}$。

s_{ij} 代表第 i 个部门每单位产出中投向第 j 个部门的份额，则可利用 Beyers 逆阵 $(\boldsymbol{I} - \boldsymbol{S})^{-1}$ 来计算后向关联系数，计算前向关联系数仍用列昂惕夫逆矩阵，这就是 Beyers 判别关键部门的方法。

几乎同时，Jones(1976)把与 Beyers 相同的 $\boldsymbol{S}$ 矩阵定义为产出矩阵，与投入矩阵 $\boldsymbol{A}$ 对应。Jones 方法与 Beyers 方法的不同点是 Jones 用 $(\boldsymbol{I} - \boldsymbol{S})^{-1}$ 计算前向关联系数，用 $(\boldsymbol{I} - \boldsymbol{A})^{-1}$ 计算后向关联系数。

Dietzenbacher(1989)从另一个角度计算前后向关联系数。传统的思路是第 i 个部门产出中有一部分投入了第 j 个部门，并且在第 i 个部门向其他部门的投入中又有一部分间接地投入了第 j 个部门，一般的方法是跟踪这部分投入。Dietzenbacher(1989)提出，考虑最终需求部分，每一轮投入的结果是 $\hat{\boldsymbol{X}}^{-1}\boldsymbol{Y}$ 的最终产品退出生产过程，经过 k 轮投入之后，生产过程中的产出部分还剩有

$$\boldsymbol{i} - [\boldsymbol{I} + \boldsymbol{S} + \boldsymbol{S}^2 + \cdots + \boldsymbol{S}^{k-1}] \cdot \hat{\boldsymbol{X}}^{-1}\boldsymbol{Y} = \boldsymbol{i} - [\boldsymbol{I} + \boldsymbol{S} + \boldsymbol{S}^2 + \cdots + \boldsymbol{S}^{k-1}][\boldsymbol{I} - \boldsymbol{S}]^{-1}\boldsymbol{i}$$
$$= \boldsymbol{S}^k \boldsymbol{i} \tag{2.10}$$

经过多轮间接投入使用，部门总产出保留在生产过程中的份量（$\boldsymbol{S}^k\boldsymbol{i}$）越大，则前向关联越大。利用 Hirschman 标准化方法，只考虑部门间关联的相对大小，用 $[\boldsymbol{S}^k\boldsymbol{i}/(\boldsymbol{i}^{\mathrm{T}}\boldsymbol{S}^k\boldsymbol{i})]$ 描述前向关联系数，当 k 趋于无穷大时，有

$$\lim_{k \to \infty} \frac{\boldsymbol{S}^k\boldsymbol{i}}{\boldsymbol{i}^{\mathrm{T}}\boldsymbol{S}^k\boldsymbol{i}} = CZ \tag{2.11}$$

其中，$\boldsymbol{Z}$ 为 $\boldsymbol{S}$ 的右 Perron 特征向量，即 $\boldsymbol{SZ}=\boldsymbol{CZ}$，$C$ 为一个纯量，为 $\boldsymbol{S}$ 的主特征根。从而产出矩阵 $\boldsymbol{S}$ 的右 Perron 特征向量表示了产业部门的前向关联系数，以此类推，Dietzenbacher 证明了投入系数矩阵 $\boldsymbol{A}$ 的左 Perron 特征向量表示了产业部门的后向关联系数。

3. 虚拟消去法

虚拟消去法（hypothetical extractions）是由 Dietzenbacher、Linden 和 Steenge 在 1993 年提出的。这种方法的思路如下：把某部门从经济中去除，看它对整体经济造成多大的影响，据此估计部门的重要性。具体算法如下：把 IO 表中第 k 个部门的第 k 行和第 k 列去掉，比较去除第 k 个部门前后经济产出的变化情况，结合第 k 个部门当前产出作一些修正，即得到虚拟消去法中描述部门影响的指标。

$$S_k = \frac{\sum_{i=1}^{n}X_i - \sum_{i=1}^{k-1}X_i^{*(k)} - \sum_{i=k+1}^{n}X_i^{*(k)} - X_k}{X_k - Y_k}$$

$$= \frac{\sum_{i=1,\ i\neq k}^{n}\left[X_i - X_i^{*(k)}\right]}{X_k - Y_k} \tag{2.12}$$

其中，X_i 为第 i 个部门的总产出；Y_i 为第 i 个部门的最终需求；$X^{*(k)}=\boldsymbol{B}^{*(k)} \cdot \boldsymbol{Y}^{*(k)}$，$\boldsymbol{B}^{*(k)}$ 为去除第 k 行、第 k 列后的列昂惕夫逆矩阵，$\boldsymbol{Y}^{*(k)}$ 为去除第 k 个部门后的最终需求向量。若 $S_k < 1$，说明第 k 个部门对整个经济影响不大；若 $S_k > 1$，则说明第 k 个部门在经济中居于关键位置，关键部门即为 S_k 较大的部门。

值得一提的是，一般而言，部门分类越细，IO 表对技术作用于生产的限制及需求变动引致的反应就描述得越透彻，结论也越真实可靠。

2.1.3　已有先验信息选取方法的比较

最初关于先验信息的选取研究焦点，均集中于重要系数的选取上（Lahr，1993）。Jalili（2000）以苏联的投入产出系数为例进行实证研究，比较了以累计规模法与影响域法选取同样比例的重要系数，并采用真实值替换后，测算各种不同选取方法对矩阵整体精确度的影响。结果表明，累计规模法要比影响域法有整体更高的预测精度，且操作起来更为方便。刘秀丽和陈锡康（2004）在建立主系数非线性投入占用产出模型时，在 1973～1999 年我国不变价投入占用产出表的基础上，采用影响域法选取了 47 个主系数，然后应用计量模型，得到各主系数的非线性函数表达式，并用实际数据检验证明了模型的有效性。

2.1.4　先验信息的确定：以中国 IO 表为例

目前，先验信息的确定主要有专项调查、基于已有统计数据加工和专家经验判断三种方法。其中，对企业/部门的专项调查被认为是最能准确反映实际情况的方法。以我国逢 2 年、逢 7 年的全国/地区 IO 表的专项调查及其处理步骤为例，此处我们将对先验信息的确定方法进行完整介绍（国家统计局国民经济核算司，2005）。

第一，编制全社会产出表，得到各产品部门总产出总量。其中，工业部门是通过将工业生产活动分为规模以上大中型、规模以上小型和规模以下三种类型分别调查得到；其他部门则是在统计系统（国家统计系统和部委统计系统）统计资料、行政管理资料（如财政决算资料）和会计决算资料（如银行、保险、运输等活动）的基础上，根据部门活动的性质采用不同方法计算其相应总产出；两类数据汇总拼接得到全社会总产品部门产出表。

第二，对增加值及其构成进行推算。其中，农林牧渔业、工业等部分部门的增加值控制数直接取自现行的 GDP 核算资料；其他部门则需要根据相关资料（如年报统计资料、财政决算和会计决算）进行估算，并与现行的 GDP 核算资料进行衔接后得到。增加值构成的编制方法有两种：一是根据有关统计、会计、业务核算资料，采用收入法计算；二是利用投入产出重点调查取得的增加值结构，结合总量指标推算。

第三，对最终使用及其构成进行推算。最终使用控制数取自按支出法计算的 GDP 核算资料，包括农村住户调查、城市住户调查、固定资产投资构成专项调查、海关统计、国际收支统计等。

第四，按购买者价格计算中间投入构成，这也是 IO 表调查编表的核心部分。这部分资料主要是通过投入产出重点调查取得具有代表性的中间投入结构，结合总量指标推算。根据部门特性，各产品部门成本和费用构成调查共分为 16 类，包括特殊行业大型工业企业主产品制造成本调查、大型工业企业期间费用构成调查、非特殊行业大型工业企业产品制造成本构成调查（自产自耗矩阵法和分解还原法两种）、非特殊行业大型工业企业制造费用构成调查、中小型工业企业成本与费用调查、建筑施工企业工程结算成本构成调查、建筑施工企业费用构成调查、信息传输服务企业专业成本构成调查、信息传输服务企业费用构成调查、批发和零售贸易企业商品流通费用构成调查、餐饮业期间费用构成调查、金融企业营业费用构成调查、保险企业营业费用构成调查、行政事业单位支出构成调查、差旅费会议费构成典型调查、办公费构成典型调查。由此可得到各产品部门对其他部门中间消耗的调查归总数据。需要指出的是，各工业产品部门还需要进行自产自耗产品分解还原，并将中型工业企业各行业部门投入构成转换成产品部门投入构成以及将消耗和产出数据调整为含增值税口径。

第五，进行数据平衡与修订。在得到按购买者价格计算的中间投入构成、最初投入构成、最终使用构成和总产出初步数据后，需要根据不同资料来源计算上述指标并进行平衡和修订。平衡修订工作分为三个步骤：首先从最终使用项出发，研究各项构成是否合理，对不合理的数据进行修订；其次研究中间投入构成中主要消耗是否合理，对不合理的数据进行修订；最后在达到基本平衡的基础上，采用固定重点系数的改进 RAS 法进行数学平衡。

第六，扣除流通费用，编制按生产者价格计算的 IO 表。由于编制 IO 表所需资料大部分来自使用部门，其核算价格为购买者价格。在流通费用矩阵中，按从购买者价格计算的 IO 表扣除相应的流通费用，即得到按生产者价格计算的 IO 表。

2.2 先验信息的选取对中国地区投入产出表 编制精度的影响

2.2.1 已有方法及存在的问题

近年来，鉴于地区 IO 表在区域经济计量分析中的重要作用，地区 IO 表的编制已成为投入产出学界关注的焦点。地区统计调查具有比全国统计调查规模更小的典型特点。正如 Lahr(2001)指出的那样，在同样部门规模的 IO 表中，不管以何种方式选取重要系数，其必将散乱的分布于各部门中，因此对同样数量的重要系数的调查将远比其重要部门的中间投入或中间分配调查复杂，且可信度也较低。由于规模更小，这一特点在地区 IO 表的调查中反映得更为明显。Boomsma 和 Oosterhaven(1992)也认为，地区 IO 表的编制中，应重视第二类先验信息的选取方法，他们对这类方法中的各种具体方法进行了详细讨论，指出纵向的部门中间投入调查要比横向的部门中间分配调查具有更高的可信度，且更易与其他信息进行整合。

在我国，目前逢 0 年、逢 5 年的投入产出延长表采用的是混合编表法，其中先验信息的选取方式是采用累计规模法选取一定比例（如 20%）的重要系数后，再利用已有统计资料或部分调查的方法得到其真实值（国家统计局国民经济核算司，2005）。进行地区投入产出延长表编制时，采用的是与全国表完全相同的方法。由此，我们认为，国内编制或更新地区 IO 表时，有关先验信息的选取方法研究，至少存在如下两个问题。

(1)研究焦点还集中在第一类，即重要系数的选取上，对于重要部门的判定及其在先验信息选取中的作用不够重视。

(2)对于先验信息的选取，没有考虑到研究目的。在重要系数的选取中，各类方法实质上都有不同的判别标准：累计规模法侧重于该系数对直接消耗系数矩阵的整体影响；影响域法反映的是消耗系数变化对列昂惕夫逆矩阵整体的影响幅度，幅度越大，系数对列昂惕夫逆矩阵的整体精度越重要；容忍限法反映的是给定部门总产出的变化幅度时，在其他系数不变的情况下各消耗系数需要变化的幅度，即容忍限，容忍限越小，系数对于总产出越重要。而在关键部门的判定方法中，传统的关联度方法重视的是列昂惕夫逆矩阵所反映的部门间前、后向联系；基于产出矩阵的特征向量法侧重于反映分配系数矩阵所反映的前、后向联系；虚拟消去法实际上反映的是部门整体对于总产出的影响程度。

针对这样的问题，我们认为，首先，对于先验信息的选取，必须考虑到研究目的。以重要系数的选取方法为例，本章推测，同等比例下，累计规模法所选取的重要系数应该对直接消耗系数矩阵的整体精度提高有更明显的作用；而影响域法所选取的重要系数应该对提高列昂惕夫逆矩阵的整体精度有更明显的效果，2.3 节中将对此推论进行进一步验证。

其次，我国目前 IO 表编制时先验信息的选取方法研究焦点还集中在重要系数上，对于重要部门的判定重视不足。表 2.1～表 2.3 以 2000 年全国 17 部门 IO 表为例，分别给出了累计规模法、影响域法和容忍限法下重要系数判别结果，重要系数的比例取为 20%（表中的数字表示部门编号，阴影表示重要系数）。

表 2.1　基于累计规模法的 17 部门重要系数分布

部门	1	2	3	4	5	6	7	8	9	10	11	12	13	14	15	16	17
1	▨																
2	▨																
3	▨																
4				▨													
5					▨												
6		▨				▨											
7						▨	▨										
8	▨							▨									▨
9									▨								
10									▨	▨							
11											▨			▨			
12																	
13	▨												▨				
14														▨			
15															▨		
16																	
17																	

表 2.2 基于影响域法的 17 部门重要系数分布

部门	1	2	3	4	5	6	7	8	9	10	11	12	13	14	15	16	17
1								■			■						
2								■			■						
3		■															
4										■							
5																	
6										■							
7										■							
8										■	■						
9										■	■						
10	■									■	■			■			
11		■						■		■	■						
12		■															
13											■						
14								■			■						
15								■			■						
16								■			■						
17											■						

表 2.3 基于容忍限法的 17 部门重要系数分布

部门	1	2	3	4	5	6	7	8	9	10	11	12	13	14	15	16	17
1	■																
2		■								■							
3		■	■											■			
4				■													
5					■						■		■				■
6						■											
7						■		■									
8	■			■													■
9									■								
10										■							
11											■	■					
12																	
13																	■
14								■					■				

续表

部门	1	2	3	4	5	6	7	8	9	10	11	12	13	14	15	16	17
15																	
16																		
17																		

　　从表 2.1～表 2.3 可以看出，不管是横向还是纵向，基于累计规模法和容忍限法判定的重要系数，均散乱的分布于不同部门，且分布差异较大；影响域法判定的重要系数则较为特殊，集中表现为 2、8、11 部门的中间投入（纵向）。表 2.4 中列出了 2000 年我国 IO 表部门的具体分类方式，2、8、11 部门分别为采掘业、化学工业和机械设备制造业，这些部门均属于国民经济中前向联系较为紧密的部门，联系到影响域法主要注重于列昂惕夫逆矩阵所解释的完全经济联系，这一结果也就不难理解了。

表 2.4　2000 年全国 IO 表部门分类方式

序号	部门	序号	部门
1	农业	10	金属产品制造业
2	采掘业	11	机械设备制造业
3	食品制造业	12	建筑业
4	纺织、缝纫及皮革产品制造业	13	运输邮电业
5	其他制造业	14	商业饮食业
6	电力及蒸汽、热水生产和供应业	15	公用事业及居民服务业
7	炼焦、煤气及石油加工业	16	金融保险业
8	化学工业	17	其他服务业
9	建筑材料及其他非金属矿物制品业		

　　由此，综合看来，我国 IO 表的重要系数分布规律与前文提及的完全符合。由于地区投入产出的专项调查中，对于同一部门的中间投入调查要远比散乱分布于各部门的重要系数调查可信度高，且更具操作可行性，我们认为，若在相同比例的系数调查情况下，第二类调查（即针对重要部门）能够有与第一类调查（即针对重要系数）持平或者更高的精度，即足以支持先验信息选取的重心从重要系数的调查转向关键部门的判定中来。

　　因此，在下文中，将重点验证如下两点推论。

　　推论 2.1　基于不同目标进行重要系数或关键部门的判定时，各类方法是否对与其判别标准相应的目标，如直接消耗系数矩阵、列昂惕夫逆矩阵或总产出，会产生更高的预测精度。

　　推论 2.2　同样的系数调查比例及调查质量假设下，关键部门的调查是否能与重要系数的调查产生持平或更高的预测精度。

2.2.2　两类先验信息选取方式的比较

1. 比较程序及指标选择

在进行两类先验信息选取方式的预测效果比较时，考虑到分配系数并非通常的关注焦点，本节在关键部门的判别方法中，只选取了三个方式，即扩散度系数、感应度系数和虚拟消去法，且将部门的纵向中间投入选取为重要系数；相应地，重要系数的三个判别方式，即累计规模法、影响域法和容忍限法均被包含其中。

为保证各类方法的可比性，本节分别以 1997 年各地区 40 个部门的 IO 表和 2002 年各地区 42 个部门的 IO 表为数据样本，首先假设某目标地区的中间投入矩阵不存在，依次以各类方式判定出同样比例[①]的重要系数或关键部门的重要系数，用真实值代替；对该目标地区剩下的中间投入则采用本书第 3 章中提出的基于稳健回归的 FES 法进行估计得到，由此得到预测的目标地区中间投入矩阵，并可据此计算出直接消耗系数矩阵 $\boldsymbol{A}$、列昂惕夫逆矩阵 $\boldsymbol{B}[\boldsymbol{B}=(\boldsymbol{I}-\boldsymbol{A})^{-1}]$ 及部门总产出向量 $\boldsymbol{X}[\boldsymbol{X}=(\boldsymbol{I}-\boldsymbol{A})^{-1}\cdot\boldsymbol{Y}]$。

对于估计精度指标的选取，目前常用的指标有 Theil 的 U 指标、标准化加权绝对值误差（sum of weighted absolute difference，SWAD）、标准化总百分比误差（standardized total percentage error，STPE）及加权平均相对值误差（weighted absolute percentage error，WAPE）等。Jalili（2000）、Cardenete 和 Sancho（2004）曾讨论选用不同测算指标对于精度比较结果的影响，研究结果表明，不同指标反映的精确度侧重点不同，且基于同样的预测矩阵，用不同的测算指标会得出不同的结论，应根据研究目的具体选用。因此，本章沿用 Oosterhaven 等（2007）的做法，使用 WAPE 指标式（2.13），以估计值偏离真实值的整体误差率表示各种方法的估计准确度。

$$\text{WAPE}=\frac{\sum_i\sum_j z_{ij}\left|\dfrac{\hat{z}_{ij}-z_{ij}}{z_{ij}}\right|}{\sum_i\sum_j z_{ij}}=\frac{\sum_i\sum_j|\hat{z}_{ij}-z_{ij}|}{\sum_i\sum_j z_{ij}} \tag{2.13}$$

其中，$\hat{z}_{ij}$ 和 z_{ij} 分别为中间流量矩阵元素的估计值和真实值。

在不同重要系数调查比例下，对各目标地区计算出相应的预测矩阵（或向量）的 WAPE 预测精度后并取总体样本的均值，即可进行方法间的纵向比较，比较程序如图 2.1 所示。

在此过程中，需要说明以下两点：①判断重要系数或关键部门时，是基于真

[①]　以 40 个部门的 IO 表为例，所确定的重要系数个数依次为：40 个（1 个关键部门）、80 个（2 个关键部门），依次类推。

```
┌─────────────────────────────────────┐
│      设定重要系数或关键部门系数比例       │
└─────────────────────────────────────┘
                   │
                   ▼
┌─────────────────────────────┐   是    ┌──────────────┐
│  基于目标地区IO表判断系数是否为   │──────▶│  用真实值对中间流 │
│  重要系数或关键部门系数          │        │  量进行替换      │
└─────────────────────────────┘        └──────────────┘
                   │ 否                         │
                   ▼                            │
┌─────────────────────────────┐              │
│  以该年度其他地区IO表为样本,用基于稳健回归的│              │
│  FES法对中间流量进行预测          │              │
└─────────────────────────────┘              │
                   │                            │
                   ▼                            │
┌─────────────────────────────┐◀─────────────┘
│  根据已知中间流量矩阵行和、列和信息,用│
│  RAS法调平,得到目标地区中间流量矩阵Z │
└─────────────────────────────┘
                   │
                   ▼
┌─────────────────────────────┐
│  根据中间流量矩阵计算出直接消耗系数矩阵A、│
│  列昂惕夫逆矩阵B和总产出向量X      │
└─────────────────────────────┘
                   │
                   ▼
┌─────────────────────────────┐
│  基于预测得到的A、B、X,与目标地区真实值│
│  对比,得到目标地区A、B、X的WAPE误差率│
└─────────────────────────────┘
                   │
                   ▼
┌─────────────────────────────┐
│  对同一年份,依次将各地区取为目标地区,求出某种特定重要系│
│  数(或关键部门系数)确定方式下,A、B、X的WAPE误差率均值│
└─────────────────────────────┘
```

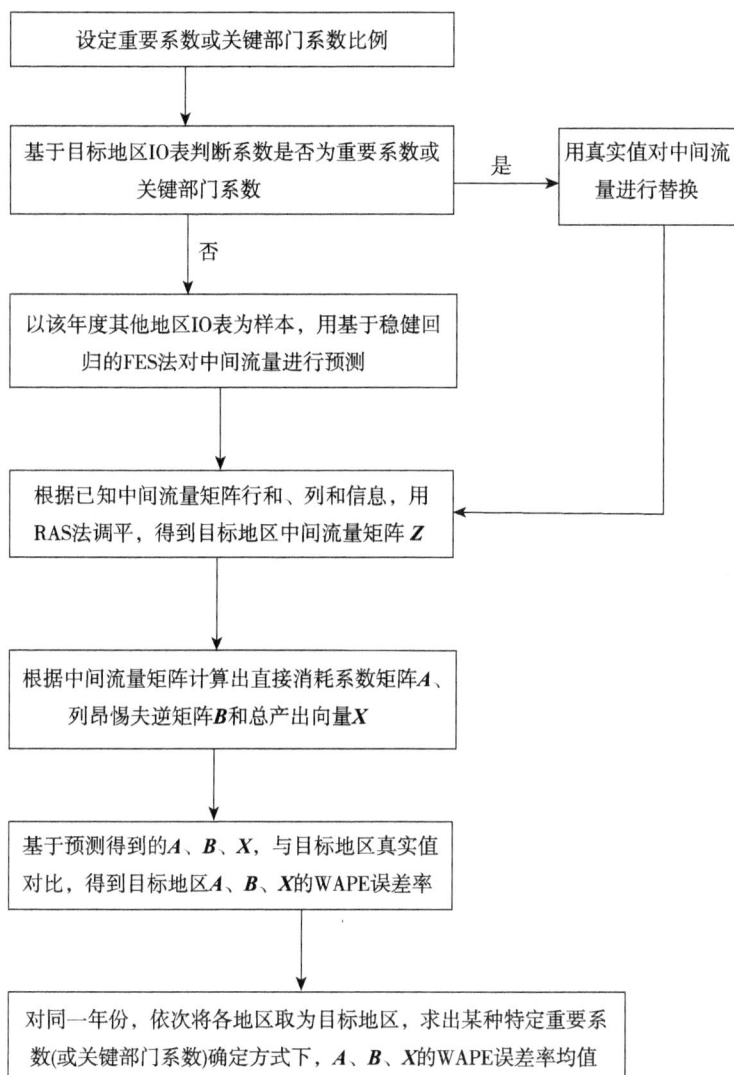

图 2.1　预测比较程序

实的 IO 表进行计算的。在实际编表过程中,这一步骤是无法实现的。但考虑到同一地区的中间投入系数具有稳定性,在实际编表中可以采用该地区最近历史年份的表判断出重要系数后,再进行混合编表法,这一假设将不会引起预测结果的很大偏差。②在此过程中,目标地区中间投入矩阵的行和、列和、对应部门总产出均被设为已知。

2. 基于 1997 年地区 IO 表的比较结果

将 1997 年 27 个地区依次作为目标地区,以其他 26 个地区表为基础,用累计规模法、影响域法和容忍限法分别选取 40，80，120，…个重要系数，或用扩散度系数、感应度系数和虚拟消去法选取 1，2，3，…个重要部门，将其纵向中间投入选取为重要系数，对它们用真实值替换后，按照图 2.1 所示的程序进行预测，可得到不同重要系数替换比例下，按各种重要系数或关键部门的判别方式选取先验信息时，整体的 WAPE 误差率均值和标准差。在同样的重要系数替换比率下，误差率均值越低，标准差越低，表明该方法整体估计精度越高，在用于先验信息选取时越有效。

图 2.2 和图 2.3 分别给出了 0～60%的重要系数替换比率下，以直接消耗系数矩阵为研究对象时，所有地区的 WAPE 预测误差率均值和标准差。从图 2.2 和图 2.3 中可以看出，随着以真实值替换的重要系数比率增加，预测误差率和标准差均呈变小的趋势。而在各方法之间进行比较时，综合均值和标准差的结果可以发现，同等条件下，产生最小整体预测误差的是累计规模法，而整体预测误差最高的是虚拟消去法。这说明，当以所有样本直接消耗系数矩阵的预测精度均值为目标时，所有预测方法中，以直接消耗系数大小进行重要系数判定的累计规模法可产生较优的预测效果，而以总产出为关键部门判定的虚拟消去法整体预测效果较差。

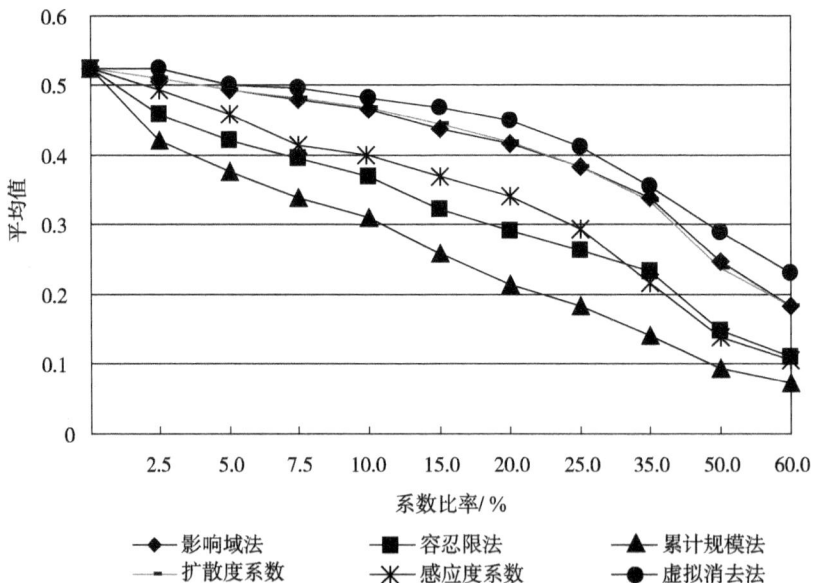

图 2.2　1997 年直接消耗系数矩阵对应 WAPE 误差率均值

在其他几种方法中，就预测误差率均值而言，容忍限法 ＜ 感应度系数 ＜ 扩散度系数 ＜ 影响域法。其中，扩散度系数和影响域法的预测精度均值几乎相同。综合标准差的对比结果，可以发现扩散度系数在所有样本中有更小的预测标

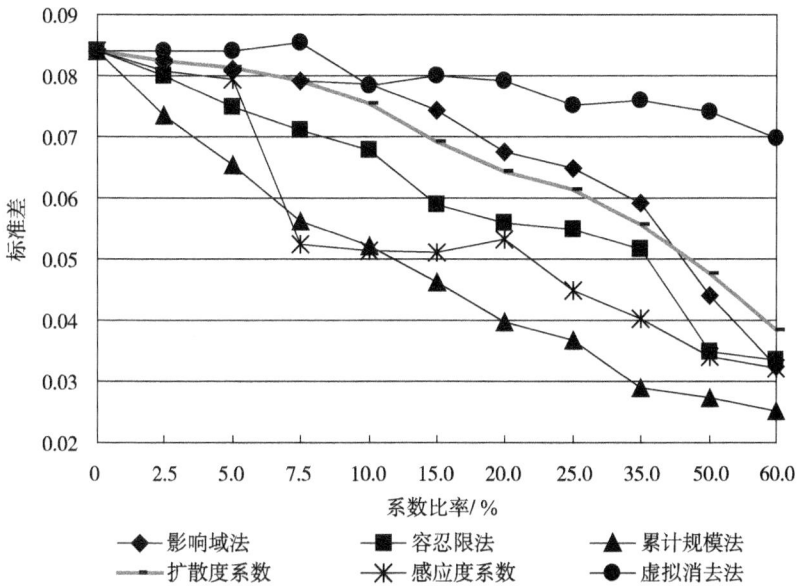

图 2.3 1997 年直接消耗系数矩阵对应 WAPE 误差率标准差

准差，由此认为，在用扩散度系数判定关键部门并进行纵向系数替换时，可产生比影响域法判定同样比率重要系数更高的整体预测精度。而在容忍限法和感应度系数之间进行比较时发现：就均值而言，容忍限法可产生比感应度系数略高的预测精度；但就标准差来看，感应度系数可产生比容忍限法更小的波动幅度。综合来看，容忍限法与感应度系数的预测精度持平。这代表除累计规模法以外，重要系数的判定方法并不会系统优于关键部门的判定方法。上文所提出的推论 2.2 在此处已初步得到证明：同样的系数调查比例及调查质量假设下，关键部门的调查可产生与重要系数的调查持平的预测精度。

图 2.4 和图 2.5 则分别给出了在 0～60% 的重要系数替换比率下，以列昂惕夫矩阵为研究对象时，所有地区的 WAPE 预测误差率均值和标准差。将其与图 2.2、图 2.3 的结果对比可以发现，基于列昂惕夫逆矩阵的方法纵向比较结果与基于直接消耗系数矩阵的结果几乎完全相同，整体预测误差率排序为：累计规模法 < 容忍限法 < 感应度系数 < 影响域法 < 扩散度系数 < 虚拟消去法，其中容忍限法和感应度系数，影响域法和扩散度系数的整体预测精度保持持平。这说明，列昂惕夫逆矩阵的预测精度与直接消耗系数矩阵的预测精度有较强的正向关联。直接消耗系数矩阵预测精度高时，据其计算出的列昂惕夫逆矩阵也会有较高的预测精度。

此处，各种判定方法的比较结果仅能部分支持推论 2.1。就三种关键部门的判定方法比较而言，推论 2.1 可以得到证明：以列昂惕夫逆矩阵的精度为考察对

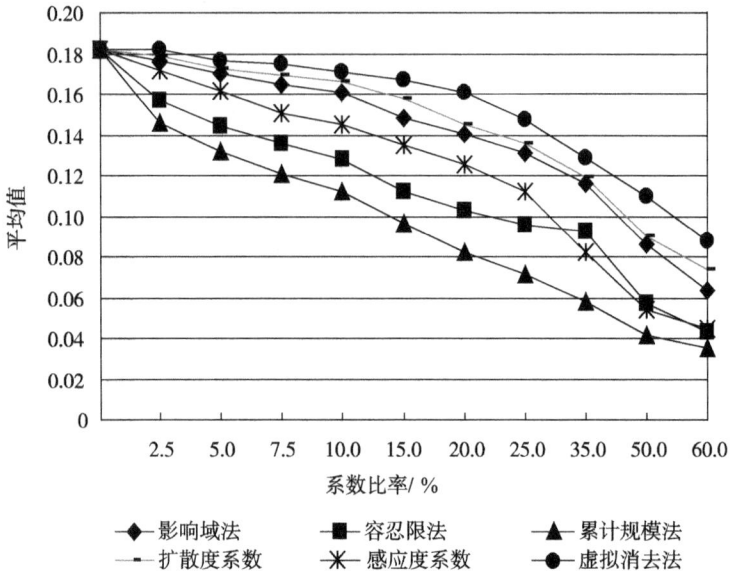

图 2.4 1997 年列昂惕夫逆矩阵对应 WAPE 误差率均值

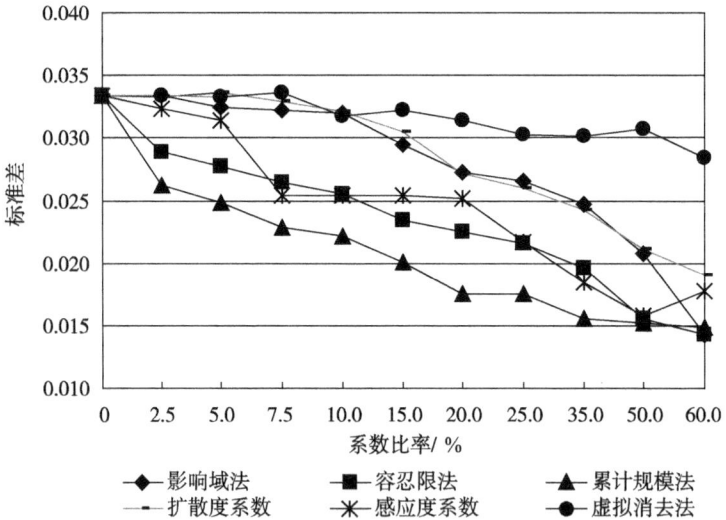

图 2.5 1997 年列昂惕夫逆矩阵对应 WAPE 误差率标准差

象时，基于列昂惕夫逆矩阵的关联度判定方法（即感应度系数和扩散度系数）比基
于总产出的虚拟消去法有更高的整体精度。但就三种重要系数的判定结果而言，
推论 2.1 显然是不成立的。同等条件下，以对列昂惕夫逆矩阵的影响为考察目标
的影响域法并不会产生比累计规模法更高的预测精度。因此，推论 2.1 是否成
立，还需通过部门总产出的预测精度进行进一步验证。

图 2.6 和图 2.7 分别给出了在 0~60％的重要系数替换比率下，以部门总产出为研究对象时，所有地区的 WAPE 预测误差率均值和标准差。从图 2.6 和图 2.7 中可以看出，总产出的预测精度并不会随着重要系数的替换比率上升而明显提高，且各种方法的纵向比较排序结果也与直接消耗系数矩阵和列昂惕夫逆矩阵的排序结果有很大不同。对部门总产出预测误差率均值而言，产生最小误差均值的是虚拟消去法。其他几种方法中，除累计规模法有明显更高的误差率均值之外，影响域法、容忍限法、扩散度系数和感应度系数的误差精度几乎持平。综合标准差的结果，可以发现同等条件下，虚拟消去法有最低的误差率标准差。这极大地验证了推论 2.1：在以总产出预测精度为目标时，以部门总产出为考量的关键部门判别法——虚拟消去法明显有较优的预测精度。而在三种重要系数的预测误差均值和标准差比较中，则进一步验证了推论 2.1：以总产出为目标的容忍限法可以产生比影响域法和累计规模法整体更低的预测误差。

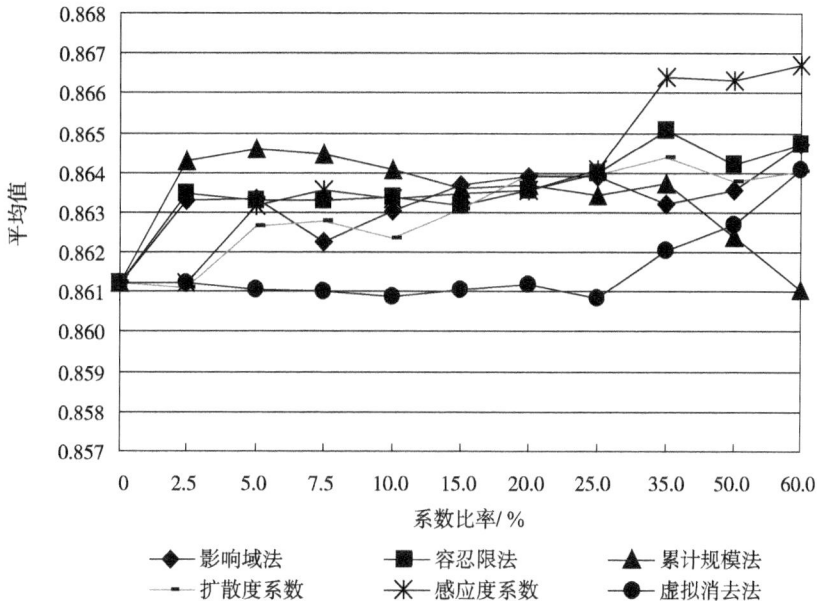

图 2.6　1997 年总产出对应误差率均值

3. 基于 2002 年地区 IO 表的比较结果

将 2002 年地区 IO 表作为数据样本，按照图 2.1 所示的流程进行预测，可对各种方法在预测中的效果进行进一步验证。与之前有所区别的是，由于 2002 年地区 IO 表为 42×42，对关键部门进行判别时，依然为 1，2，3，…个重要部门，但重要系数的个数依次变为 42，84，126，…，其他所有流程均保持不变。

图 2.8 和图 2.9 分别给出了 0~57.1％的重要系数替换比率下，以直接消耗系数矩阵为研究对象时，所有地区的 WAPE 预测误差率均值和标准差。从

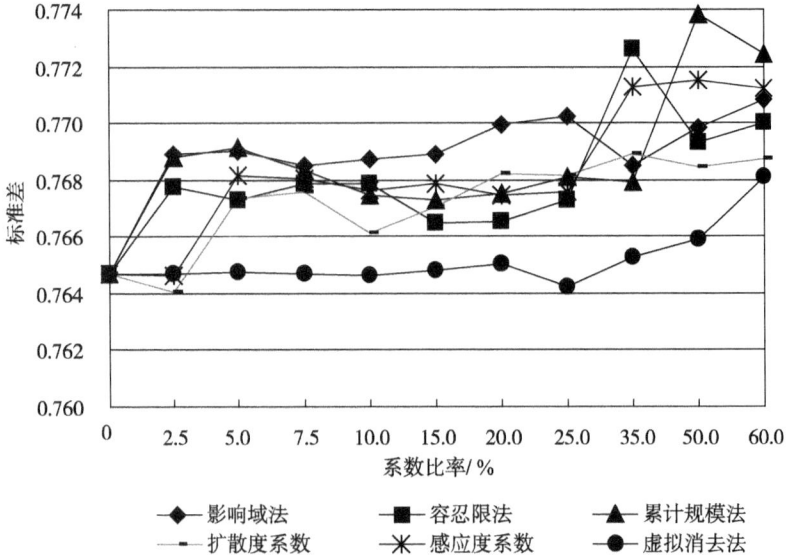

图 2.7　1997 年总产出对应误差率标准差

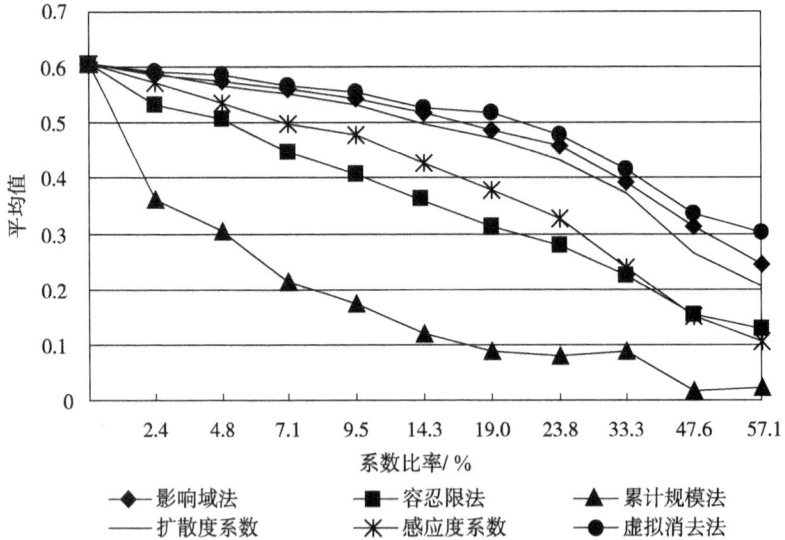

图 2.8　2002 年直接消耗系数矩阵对应 WAPE 误差率均值

图 2.8和图 2.9 中可以看出，随着以真实值替换的重要系数比率增加，预测误差率和标准差同样呈变小的趋势。各方法之间的比较结果也与 1997 年基本一致，同等条件下，预测误差率均值排序为：累计规模法＜容忍限法＜感应度系数＜扩散度系数＜影响域法＜虚拟消去法。且扩散度系数、影响域法和虚拟消去法有几乎完全相同的误差均值。综合精度标准差的对比结果，虚拟消去法仍然是预测误

差整体最低的方法，累计规模法仍然是预测精度整体最高的方法，其他几种方法差异则不明显。

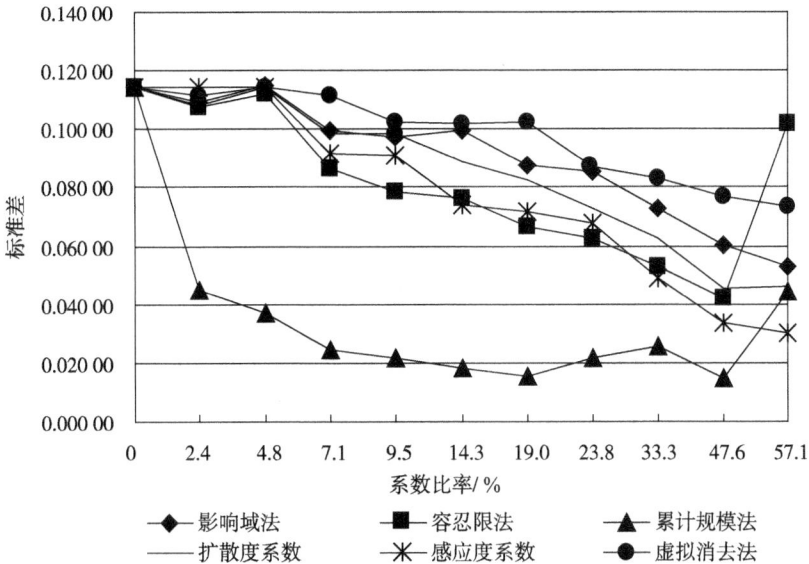

图 2.9　2002 年直接消耗系数矩阵对应 WAPE 误差率标准差

图 2.10 和图 2.11 分别给出了在 0～57.1％的重要系数替换比率下，以列昂惕夫矩阵为研究对象时，所有地区的 WAPE 预测误差率均值和标准差。从图 2.10 和图 2.11 中可以看出，各种方法的误差率均值和标准差比较结果与直接消耗系数矩阵有较好的传递性，整体预测误差率排序为：累计规模法 ＜ 容忍限法 ＜ 感应度系数 ＜扩散度系数 ＜ 影响域法＜ 虚拟消去法，且容忍限法和感应度系数，影响域法和扩散度系数的整体预测精度几乎持平。与 1997 年相比，除了影响域法和感应度系数的比较结果不同之外，大致的排序是类似的。这说明，以列昂惕夫逆矩阵的精度为考察对象时，除了累计规模法和虚拟消去法分别有明显较高和较低的精度时，其他两类先验信息的判别方式并不会产生明显的系统差异。

图 2.12 和图 2.13 则分别给出了在 0～57.1％的重要系数替换比率下，以部门总产出为研究对象时，所有地区的 WAPE 预测误差率均值和标准差。从图 2.12 和图 2.13 中可以看出，各种方法的比较结果与 1997 年基本类似，对部门总产出预测误差率均值而言，产生最小误差均值的是虚拟消去法。其他几种方法中，除累计规模法有明显更高的误差率均值而外，影响域法、容忍限法、扩散度系数和感应度系数有几乎持平的误差精度。

综合 1997 年和 2002 年的地区 IO 表的验证结果，可以得出以下结论。

(1)用不同的重要系数或关键部门的判定方法进行同样比率的系数判别和调

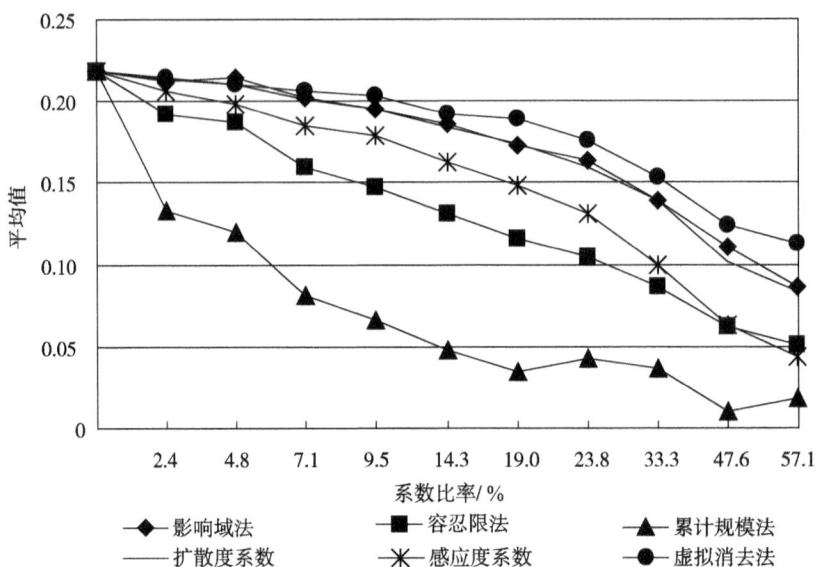

图 2.10　2002 年列昂惕夫逆矩阵对应 WAPE 误差率均值

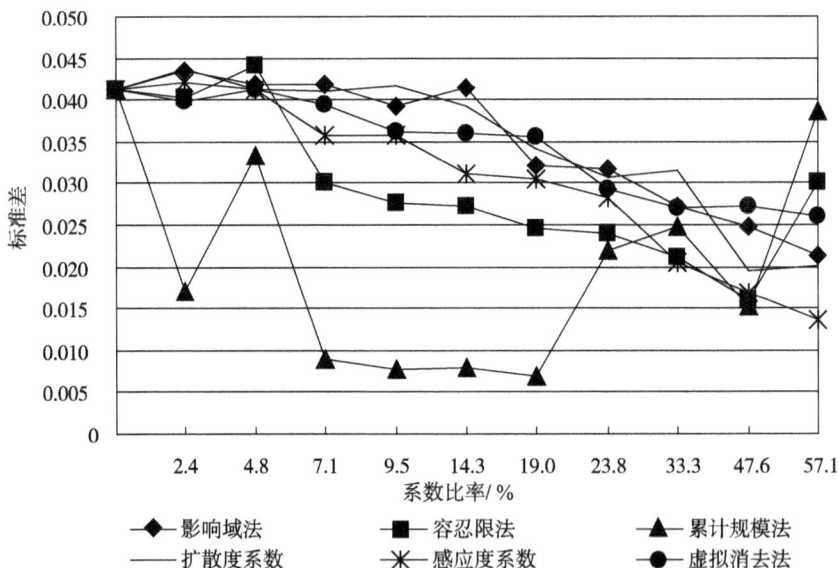

图 2.11　2002 年列昂惕夫逆矩阵对应 WAPE 误差率标准差

查时，整体预测精度有很大的差异。其中，直接消耗系数矩阵和列昂惕夫逆矩阵之间有较好的传递性，后者的精度与前者有很强的正相关，但部门总产出的预测精度与前两者存在较大的差异。

（2）考虑到列昂惕夫逆矩阵与直接消耗系数矩阵之间的传递性，若将重要系

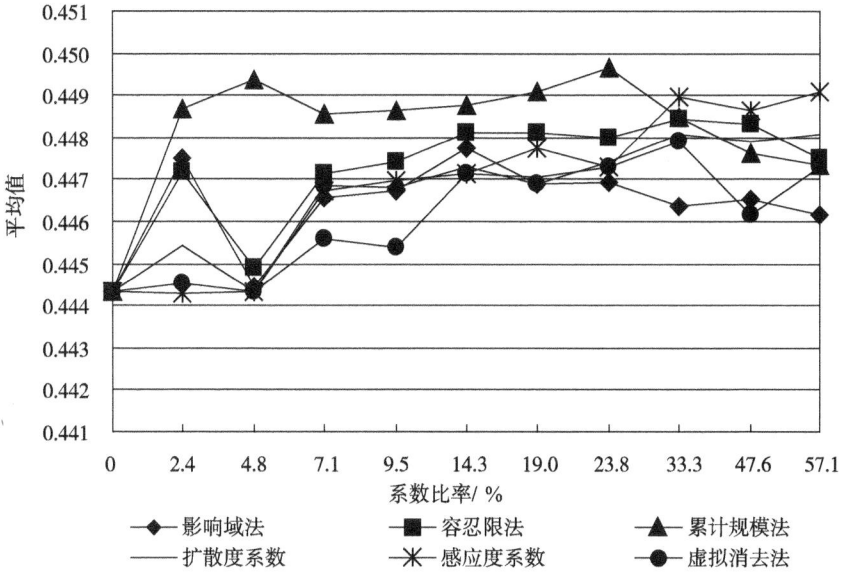

图 2.12　2002 年总产出对应误差率均值

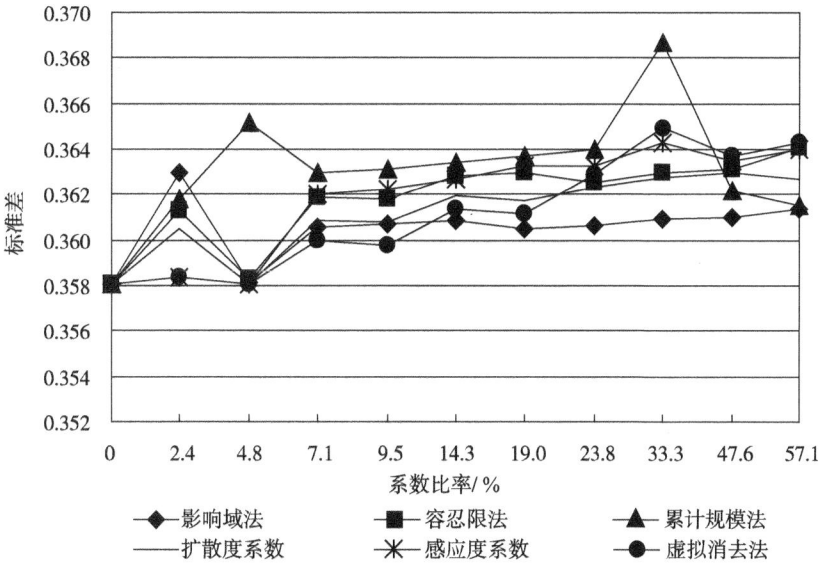

图 2.13　2002 年总产出对应误差率标准差

数或关键部门判定的研究目标简单分为直接消耗系数矩阵(以及与之有较高传递性的列昂惕夫逆矩阵)和部门总产出两类,推论 2.1 基本成立。以直接消耗系数矩阵或相应的列昂惕夫逆矩阵的预测精度为目标时,所有方法的纵向比较中,以直接消耗系数大小为判定依据的累计规模法有最优的预测精度,以对部门总产出的重要性为关键部门判定依据的虚拟消去法有最低的预测精度。而以部门总产出的预测精度为目标时,虚拟消去法有最优的预测精度,累计规模法反而有最差的整体预测精度。这说明,重要系数的判别中,有必要考虑研究目的。

(3)在对重要系数和关键部门的判别这两类方法进行比较时,可以发现,即使是在同样的系数比率下,前者也并不能产生比后者明显的预测精度。加之同一部门的投入调查要远比散乱分布于各部门中的系数调查容易,因此在编制地区IO表时,在先验信息的选取这一环节,可将重心从重要系数的选取进一步转移到关键部门的判定中来。

2.3　基于 GDP 的关键部门判定方法及其对地区投入产出表编制精度的影响

基于 2.2 节的比较结果,可以认为:在先验信息的选取环节,关键部门的判别应获得更多的关注,而且进行关键部门判别时,应考虑研究目的。相较总产出而言,GDP 明显是更常用的统计指标。而在之前综述的关键部门的判别方法中,包括应用最广泛的扩散度系数、感应度系数及虚拟消去法,研究目标始终是部门间技术关联或总产出,而且这些方法所依托的模型始终是以封闭经济为隐含假定、不考虑消费拉动作用的标准投入产出行模型。实际上,在考虑该部门与本国其他部门之间的关联时,进口部分的影响应消除,同时考虑通过消费产生的拉动作用。技术关联固然有其重要意义,但就实际拉动作用而言,部门规模有重要影响,不应被忽视。基于以上考虑,本节提出如下基于 GDP 的关键部门弹性判别法。

2.3.1　基于 GDP 的关键部门弹性判别法

1. 对进口产品的处理

由静态投入产出行模型,有

$$X = (I - A)^{-1} \cdot Y \tag{2.14}$$

其中,Y 为最终使用列向量;X 为总产出列向量;A 为直接消耗系数矩阵。

为准确判断部门间的关联关系,需要消除进口的影响,因为进口产品,不管是用于中间使用还是最终使用,都不会对本国经济产生拉动作用。因此,需要对进口产品进行处理,即采用如下行平衡关系。

$$X = (I - \hat{a}A)^{-1} \cdot Y^I, \quad Y^I = \hat{a} \cdot Y \tag{2.15}$$

其中,$\hat{a}$ 为对角矩阵,元素 $\alpha_i = X_i / (X_i + \mathrm{IM}_i)$,$\mathrm{IM}_i$ 为第 i 个部门的进口量,α_i 表示第 i 个部门的国产系数,此时的最终使用和中间使用量都是修正量,以消除进口影响。

消费是社会经济活动的源泉，是劳动力再生产链条上的重要环节，是国民经济部门间关联关系中不可或缺的。因此，除进口外，消费也是测度部门间关联关系的重要影响因素。虽然居民部门的作用如此重要，但是在中间消耗关系矩阵中未能体现，这是原有判别关键部门方法的欠缺。

要考虑居民部门对各部门产生的诱发作用，需要将居民部门作为中间消耗关系矩阵中的一个部门列出，即将居民部门列为第 $n+1$ 个部门，将中间消耗关系矩阵扩展为 $(n+1) \times (n+1)$ 的矩阵，具体方法如下。

在列向，增加第 $n+1$ 列，描述居民部门对各部门的直接消耗，记为

$$\boldsymbol{H}_c = (f_1, \ f_2, \ \cdots, \ f_n)^{\mathrm{T}} \tag{2.16}$$

其中，$f_i = Y_i^c \big/ \sum_i Y_i^c$，$Y_i^c$ 为第 i 个生产部门产品用于居民消费的数量，所以，f_i 表示居民部门对第 i 个生产部门产品的直接消费系数。

在行向，增加第 $n+1$ 行描述居民部门对各部门的投入，用经过调整后的劳动者报酬系数行向量表示，记为

$$\boldsymbol{H}_r = (v_1, \ v_2, \ \cdots, \ v_n) \tag{2.17}$$

其中，$v_j = (W_j / X_j) \cdot \left(\sum_i Y_i^c \big/ \sum_j W_j \right)$，$W_j / X_j$ 为各部门劳动报酬系数，并用收入的平均消费倾向 $\sum_i Y_i^c \big/ \sum_j W_j$ 作为调整项，以使居民部门的总收入与总消费平衡。

行列的交叉处表示居民部门对居民部门的投入，一般取为 0。

这样，加入居民部门的直接消耗系数矩阵就变为 $\boldsymbol{A}^* = \begin{pmatrix} \boldsymbol{A} & \boldsymbol{H}_c \\ \boldsymbol{H}_r & 0 \end{pmatrix}$，此时的列昂惕夫逆矩阵相应地变为

$$\begin{aligned} \boldsymbol{B}^* = (\boldsymbol{I} - \boldsymbol{A}^*)^{-1} &= \begin{pmatrix} \boldsymbol{I} - \boldsymbol{A} & -\boldsymbol{H}_c \\ -\boldsymbol{H}_r & 1 \end{pmatrix} \\ &= \begin{pmatrix} (\boldsymbol{I} - \boldsymbol{A} - \boldsymbol{H}_c \boldsymbol{H}_r)^{-1} & (\boldsymbol{I} - \boldsymbol{A} - \boldsymbol{H}_c \boldsymbol{H}_r)^{-1} \boldsymbol{H}_c \\ \boldsymbol{H}_r (\boldsymbol{I} - \boldsymbol{A} - \boldsymbol{H}_c \boldsymbol{H}_r)^{-1} & 1 + \boldsymbol{H}_r (\boldsymbol{I} - \boldsymbol{A} - \boldsymbol{H}_c \boldsymbol{H}_r)^{-1} \boldsymbol{H}_c \end{pmatrix} \end{aligned} \tag{2.18}$$

新的列昂惕夫逆矩阵 $\boldsymbol{B}^*$ 的左上方 $n \times n$ 子式 $(\boldsymbol{I} - \boldsymbol{A} - \boldsymbol{H}_c \boldsymbol{H}_r)^{-1}$ 不仅反映了通过中间投入而引起的各种直接和间接需求，而且也包括由于居民劳动报酬增加，导致居民消费需求增加而引起的对各部门产品的直接和间接需求。因此，它可以作为考虑了居民部门影响后的 n 个部门间关联关系的描述。此时的投入产出平衡关系也相应地变为

$$\boldsymbol{X} = (\boldsymbol{I} - \boldsymbol{A} - \boldsymbol{H}_c \boldsymbol{H}_r)^{-1} \cdot \boldsymbol{Y}^c \tag{2.19}$$

其中，Y^c 为原定义的最终使用 Y 扣除居民消费量后的列向量。

由于关键部门主要由部门之间关联关系决定，因此在判定关键部门时，同时考虑进口和居民消费拉动的影响，即

$$X = [I - \hat{\alpha}(A + H_c H_r)]^{-1} \cdot Y^{IC}$$
$$Y^{IC} = \hat{\alpha} \cdot Y^c \tag{2.20}$$

其中，Y^{IC} 为 IO 表中的政府消费、投资、出口之和与国产系数 α_i 的乘积。

2. 弹性指标

GDP 是表明一国国民经济发展水平的重要指标。按照生产法，GDP 是各部门的增加值之和。因此，依据考虑了进口和居民部门消费的模型，就可以进一步得到各部门的增加值。

$$Z = A_Z \cdot [I - \hat{\alpha}(A + H_c H_r)]^{-1} \cdot Y^{IC} \tag{2.21}$$

其中，A_Z 为各部门增加值系数行向量，相应的 Z 就表示 GDP 总值。

由此可以推出，当第 i 个部门增加单位最终使用，即 $\Delta Y^{IC} = (0 \cdots 1 \cdots 0)$ 时，GDP 的变动为

$$\Delta GDP^i = A_Z \cdot [I - \hat{\alpha}(A + H_c H_r)]^{-1} \cdot \Delta Y^{IC} \tag{2.22}$$

从而，GDP 弹性系数可定义为

$$e_i^z = \frac{\Delta GDP^i / GDP}{\Delta y_i / y_i} \tag{2.23}$$

其中，y_i 为政府消费、投资、出口之和；ΔGDP^i 为将 $\Delta y_i = 1$ 代入式(2.15)的计算结果。

用 GDP 弹性指标来判定一个部门是否属于关键部门，更具有普遍意义。因为它表示该部门最终使用增加一百分比时，所引起的国民经济所有部门的 GDP 变动比率。GDP 弹性越大，表示该部门的最终使用增加一百分比通过部门间的关联关系及消费对 GDP 的拉动作用也越大。因此，GDP 弹性系数比原有的扩散度系数更有意义。

2.3.2 弹性判别法对地区 IO 表编制精度的影响

由于 2.2 节已经对两类先验信息的选取方法进行全面比较，为保证可比性，本节仅将关键部门的判别法，即扩散度系、感应度系数和虚拟消去法与弹性判别法进行对比，对比流程仍如图 2.1 所示。但相应地，所关注的预测对象为 GDP 值[式(2.21)]。

图 2.14 和图 2.15 给出了以 1997 年地区 IO 表为数据样本时的验证结果。从图 2.14 和图 2.15 可以看出，弹性判别法对于提高整体 GDP 的精度有明显效果。

图 2.16 和图 2.17 给出了以 2002 年地区 IO 表为数据样本时的验证结果。从图 2.16 和图 2.17 中可以看出，虽然弹性判别法预测优势不如 1997 年明显，但

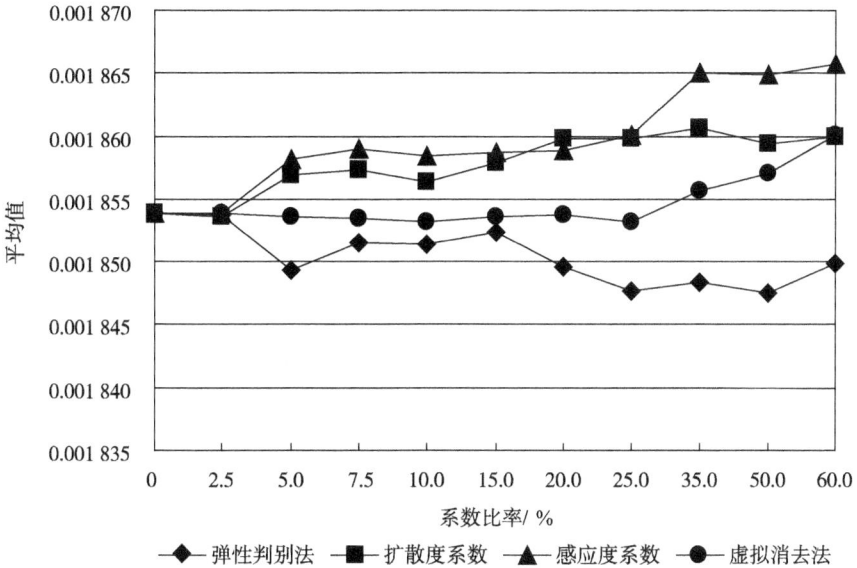

图 2.14　1997 年 GDP 对应误差率均值

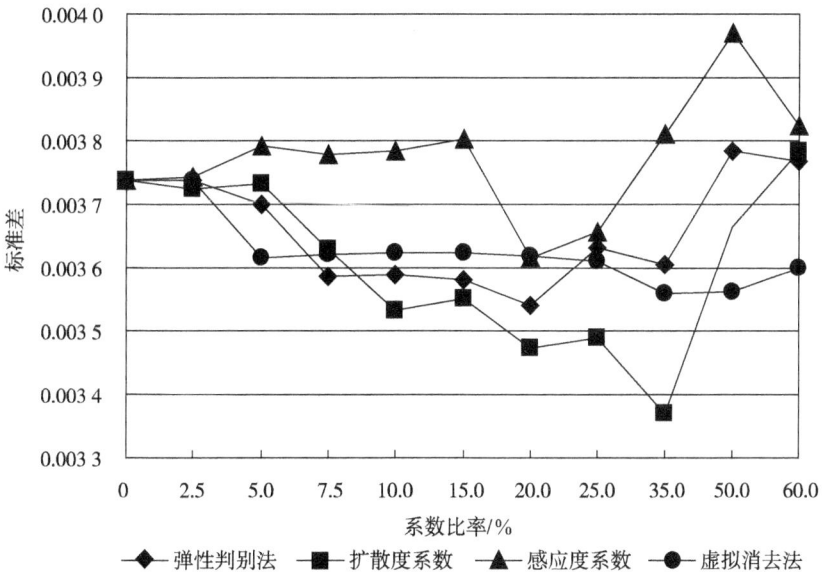

图 2.15　1997 年 GDP 对应误差率标准差

仍是所有判别方法中有整体最高预测精度的方法。这说明，当以 GDP 精度为研究目标时，采用基于 GDP 的弹性判别法与已有方法相比，可有效提高预测精度。

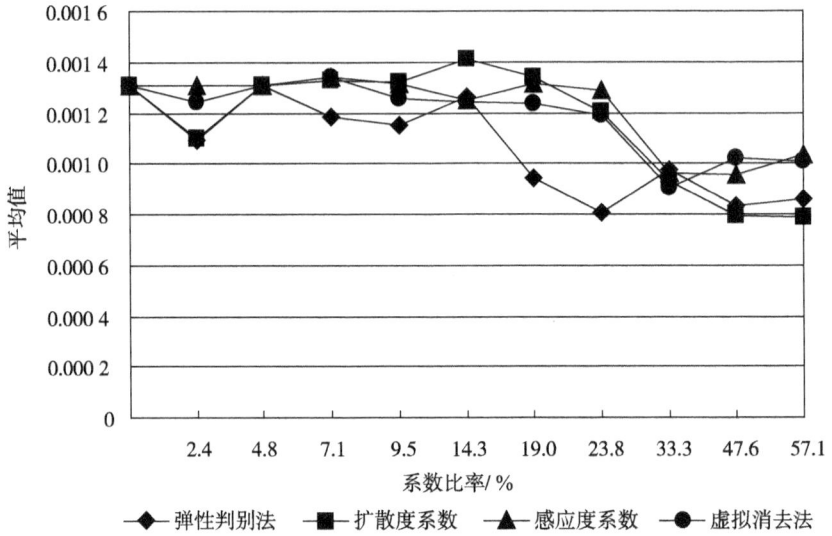

图 2.16　2002 年 GDP 对应误差率均值

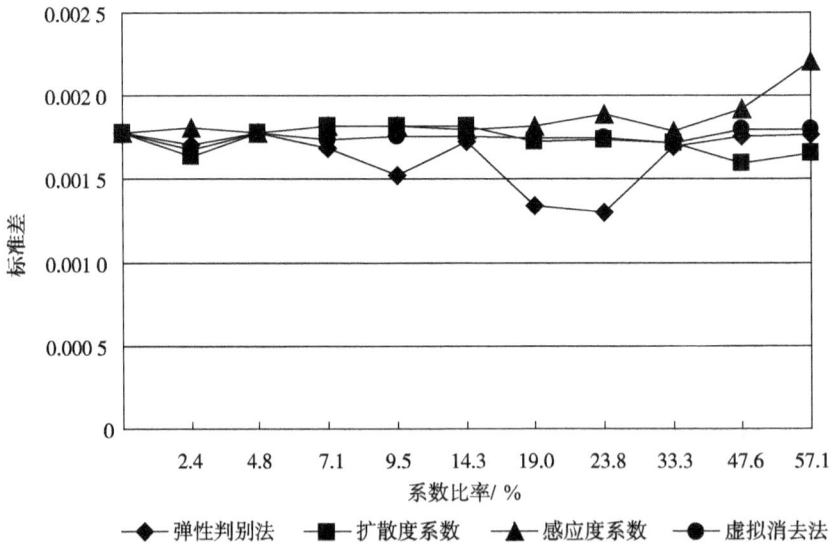

图 2.17　2002 年 GDP 对应误差率标准差

2.4　先验信息的选取方法：小结

本章以我国 1997 年和 2002 年各地区 IO 表为数据基础，对混合编制法编制地区 IO 表时各种先验信息的选取方法进行比较。比较结果表明，与目前我国通行的判别重要系数及进行调查的方式相比，关键部门的系数调查在降低数据调查难度的情况下，并未降低整体预测精度，应在实际编表工作中受到重视。另外，基于各种方法的纵向比较结果，我们认为，在判别关键部门时，应考虑到研究目的。以衡量地区经济发展水平最常用的 GDP 指标为准，本章提出了基于 GDP 的关键部门弹性判别法，并将其用于预测。结果表明：在以 GDP 预测精度作为考察目标时，该方法有明显优于其他关键部门判别方法的整体预测精度，其有效性得到充分证明。

需要强调的是，本章所提出的基于 GDP 的弹性判别法，一方面考虑了部门规模，使部门之间更具有可比性；另一方面用最终使用变动影响的 GDP 变动比率来测度部门重要性，也使关键部门判别与国民经济 GDP 指标更好地结合起来。这一方法不仅可用于混合编制法中先验信息的选取，也可用于判别国民经济运行中的关键部门，在实际中具有重要的政策意义。

参考文献

国家统计局国民经济核算司.2005. 中国 2002 年投入产出编制方法. 北京：中国统计出版社.

刘秀丽，陈锡康.2004. 主系数非线性化的投入占用产出模型研究. 见：许宪春，刘起运. 中国投入产出分析应用论文精粹. 北京：中国统计出版社.

戎刚.2000. 关键产业的识别及影响因素分析. 中国科学院博士学位论文.

钟契夫，陈锡康.1987. 投入产出分析. 北京：中国财政经济出版社.

Augustionvics M. 1972. Methods of international and intertemporal comparison of structure. In：Carter A P，Brdy A. Contributions to Input-Output Analysis. Amsterdam：North-Holland.

Beyers W B. 1976. Empirical identification of key sectors：some further evidence. Environment and Planning，8：231-236.

Boomsma P，Oosterhaven J. 1992. A double-entry method for the construction of bi-regional input-output tables. Journal of Regional Science，32(3)：269-284.

Cardenete M A，Sancho F. 2004. Sensitivity of CGE simulation results to competing SAM updates. Review of Regional Studies，34 (1)：37-56.

Chenery H B，Watanabe T. 1958. International comparisons of the structure of production. Economitrica，26：487-521.

Dietzenbacher E. 1989. The measurement of inter-industry linkages: key sectors in the Netherlands. Ninth International Conference on Input-Output Techniques, September.

Dietzenbacher E, van der Linden J A, Steenge A E. 1993. The regional extraction method: EC input-output comparisons. Economic Systems Research, 2: 185-206.

Hirschman O. 1958. The Strategy of Economic Development. New Haven: Yale University Press.

Jalili A R. 2000. Evaluating relative performances of four non-survey techniques of updating input-output coefficients. Economics of Planning, 33: 221-237.

Jensen R C, West G R. 1980. The effect of relative coefficient size on input-output multipliers. Environment and Planning, 6: 659-670.

Jilek J. 1971. The selection of the most important coefficients. Economic Bulletin for Europe, 23 (1): 86-105.

Jones L P. 1976. The measurement of hirschman linkages. Quarterly Journal of Economics, 90 (2): 323-333.

Lahr M L. 1993. A review of the literature supporting the hybrid approach to constructing regional input-output models. Economic Systems Research, 5(3): 277-293.

Lahr M L. 2001. A strategy for producing hybrid regional input-output tables. In: Lahr M, Dietzenbacher E. Input-Output Analysis: Frontiers and Extensions. London: Palgrave.

Oosterhaven J, Piek G, Stelder T M. 1986. Theory and practice of updating regional versus interregional interindustry tables. Papers of the Regional Science Association, 59: 57-72.

Oosterhaven J, Stelder D, Inomata S. 2007. Evaluation of non-survey international IO construction methods with the Asian-Pacific input-output table. The 20th Pacific Regional Science Conference, Vancouver, May.

Rousseeuw P J, Zomeren B C V. 1990. Unmasking multivariate outliers and leverage points. Journal of the American Statistical Association, 85(411): 633-639.

Schintke J, Staglin R. 1988. Important input coefficients in market transaction tables and production flow tables. In: Ciaschini M. Input-Output Analysis: Current Developments. London: Chapman and Hall.

Sonis M, Hewings G J D. 1992. Coefficient change in input-output models: theory and applications. Economic Systems Research, 4(2): 143-157.

West G R. 1981. An efficient approach to the estimation of regional input-output multipliers. Environment and Planning A, 13: 857-867.

West G R. 1982. Sensitivity and key sector analysis in input-output models. Australian Economic Papers, 21: 365-377.

第 3 章

地区投入产出表的非调查估计方法

3.1 地区投入产出表的非调查估计方法综述

目前我国地区 IO 表(或全国表)中,仅提供了包含调入(或进口)在内的技术投入中间流量,对地区(或国家)的内部投入与外部投入未作详细的调查区分。针对我国地区表的这一特性,本节仅针对如何得到目标地区的包含调入(和进口)在内的技术 IO 表的相关更新或估计方法进行综述[①]。需要说明的是,虽然非调查法编制或更新 IO 表的方法各异,但究其本质,多是基于具有类似技术投入结构的 IO 表,进行估计、调整得到所需目标地区的 IO 表。因此本节的综述将包括两方面的内容:一是估计方法,二是如何界定/选取具有类似技术投入结构的 IO 表。

3.1.1 地区 IO 表的非调查估计方法

1.RAS 法及改进的 RAS 法

Stone 和 Brown(1962)提出的 RAS 法是目前 IO 表的非调查更新和编制方法中使用最广泛的方法,也是联合国统计委员会推荐的方法。我国逢 0 年、逢 5 年的延长表编制中所使用的非调查调整方法即为改进的 RAS 法。RAS 法的原理是在已知该年度中间使用合计和中间投入合计的情况下,将基期的中间投入矩阵调整成报告期,使报告期的中间使用合计与中间投入合计与实际相等。设 $\boldsymbol{A}_0$ 为基

---

① 针对如何基于包含调入在内的技术 IO 表估计出不包含调入的地区内部 IO 表(intra-regional transactions table),目前已有多种方法,包括如地区购买系数方法(regional purchase coefficient,RPC)、地区区位熵系数方法(simple location quotient,SLQ)等,详见 Miller 和 Blair (2009)。

准年度中间投入矩阵，则有 $\mu_i^0 = \sum\limits_j a_{ij}^0$ 为基年第 i 个部门的中间投入之和；$U^0 = (\mu_1^0, \mu_2^0, \cdots, \mu_n^0)^{\mathrm{T}}$ 为基年各部门中间投入之和列向量，将其与目标年度已知 U^t 相除，可得替代效应乘数 $r_i^1 = \mu_i^t / \mu_i^0$，从而有 $A^1 = R^1 A^0$，其中，$R^1 = \mathrm{diag}(r_1, r_2, \cdots, r_n)$，为行乘数对角阵。对 A^1 求行和，有 $v_i^1 = \sum\limits_i a_{ij}^1$，类似地，将各部门中间使用之和列向量 V^1 与目标年度已知 V^t 相除，可得到制造效应乘数对角阵 $S^1 = \mathrm{diag}(s_1, s_2, \cdots, s_n)$，依次迭代最终可得到 $A^t = R \cdot A^0 \cdot S$，所以被称为 RAS 法。改进的 RAS 法则是在已知部分投入产出消耗系数的情况下，保持这些数不变，使行和、列和与已知值相等。此外，Gilchrist 和 Louis(1999)提出了两阶段 RAS(TRAS)法，该方法除了满足中间投入行列和约束外，同时能够满足其他信息约束，如某些单元格之和或某些单元格的值与已知值相等。Junius 和 Oosterhaven(2003) 提出了广义 RAS(GRAS)法，可以更新既有负值又有正值的矩阵。但这类方法由于必须以目标年度的中间使用合计与中间投入合计做控制变量，其预测精度极大地依赖于中间使用、中间投入合计估计值的精确程度。

2. 拉格朗日待定系数法

拉格朗日待定系数法的原理是构建直接消耗系数估计误差的二次函数，然后取其极小值(Morrison and Thumann，1980)。其具体步骤为：给定目标年度的中间使用列和向量 U^t 与行和向量 V^t，设估计矩阵为 A^t，其元素记成 X_{ij}^t，则矩阵 A^t 须满足如下约束条件：

$$\mu_i = \sum_j X_{ij}^t \tag{3.1}$$

$$v_j = \sum_i X_{ij}^t \tag{3.2}$$

假设 A^0 为对应于 A^t 的基期矩阵，A^0 的元素 X_{ij}^0 已知，由基期数据定义以下两个系数 e_{ij} 和 c_{ij}。

$$e_{ij} = \frac{X_{ij}^0}{\sum\limits_j X_{ij}^0} \tag{3.3}$$

$$c_{ij} = \frac{X_{ij}^0}{\sum\limits_i X_{ij}^0} \tag{3.4}$$

为了根据已知条件估计 A^t，并使估计误差最小，可建立如下的加权二次目标函数：

$$Q = \frac{1}{2} \sum_i \sum_j \left(\frac{X_{ij}^t}{\mu_i} - e_{ij}\right)^2 \cdot \alpha_{ij} + \frac{1}{2} \sum_i \sum_j \left(\frac{X_{ij}^t}{v_i} - c_{ij}\right)^2 \cdot \beta_{ij} \tag{3.5}$$

其中，α_{ij}、β_{ij} 为目标函数的权重。因此，对 X_{ij}^t 的估计可转换为目标函数，即式(3.5)在约束条件式(3.1)、式(3.2)下的最小化问题，目标函数的拉格朗日函

数为

$$\Psi = \frac{1}{2} \sum_i \sum_j \left(\frac{X_{ij}^t}{\mu_i} - e_{ij} \right)^2 \cdot \alpha_{ij} + \frac{1}{2} \sum_i \sum_j \left(\frac{X_{ij}^t}{v_j} - c_{ij} \right)^2 \cdot \beta_{ij} \qquad (3.6)$$
$$- \sum_i \lambda_i \left(\mu_i - \sum X_{ij}^t \right) - \sum_j \mu_j \left(v_j - \sum X_{ij}^t \right)$$

其中，λ_i 和 μ_j 为拉格朗日乘数。目标函数最小化条件为

$$\frac{\partial \Psi}{\partial X_{ij}^t} = \frac{\alpha_{ij}}{\mu_i} \left(\frac{X_{ij}^t}{\mu_i} - e_{ij} \right) + \frac{\beta_{ij}}{v_j} \left(\frac{X_{ij}^t}{v_j} - e_{ij} \right) + \lambda_i + \mu_j = 0 \qquad (3.7)$$

$$\frac{\partial \Psi}{\partial \lambda_i} = \mu_i - \sum_j X_{ij}^t = 0 \qquad (3.8)$$

$$\frac{\partial \Psi}{\partial \mu_j} = v_j - \sum_i X_{ij}^t = 0 \qquad (3.9)$$

由式(3.7)得到

$$X_{ij}^t = l_{ij} S_{ij} - \lambda_i S_{ij} - \mu_j S_{ij} \qquad (3.10)$$

其中，

$$S_{ij} = \frac{1}{(\alpha_{ij}/\mu_i^2) + (\beta_{ij}/v_j^2)} = \frac{\mu_i^2 \cdot v_j^2}{\alpha_{ij} \cdot v_j^2 + \beta_{ij} \cdot u_i^2}$$

$$l_{ij} = \left(\frac{\alpha_{ij}}{\mu_i} \right) \cdot e_{ij} + \left(\frac{\beta_{ij}}{v_j} \right) \cdot c_{ij} = \frac{\alpha_{ij} e_{ij} v_j + \beta_{ij} c_{ij} \mu_i}{u_i \cdot v_j}$$

将式(3.10)代入式(3.8)和式(3.9)，得到 λ_i 和 μ_j 的线性方程组

$$\sum_j S_{ij} l_{ij} - \lambda_i \sum_j S_{ij} - \sum_j S_{ij} \mu_j = \mu_i (i = 1, 2, \cdots, n) \qquad (3.11)$$

$$\sum_i S_{ij} l_{ij} - \sum_i S_{ij} \lambda_i - \mu_j \sum_i S_{ij} = v_j (j = 1, 2, \cdots, n) \qquad (3.12)$$

由定义恒等式可知

$$\sum_i \mu_i = \sum_j v_j = \sum_i \sum_j X_{ij}^t$$

式(3.11)和式(3.12)构成的联立方程组中每个方程都是独立的。给出二次加权目标函数中的权重后，可以通过求出 λ 和 μ 的值并最终得到 X_{ij}^t。考虑 $\alpha_{ij} = 0$，$\beta_{ij} = v_j/c_{ij}$ 的情形，可以证明此时的解接近 RAS 法的解（Jackson and Murray, 2004）。

3. 交叉熵方法

20 世纪 90 年代以来，研究人员将信息理论中的熵方法运用到 IO 表或社会核算矩阵（social accounting matrix，SAM）的更新中（Golan et al.，1994；Robinson et al.，2001）。交叉熵（cross entropy）方法引入熵来定义报告期与基期的 X_{ij} 距离，以距离最小为求解目标，加入约束条件对消耗系数矩阵进行求解，求解公式为

$$\min H = \sum_i \sum_j X_{ij}^1 \ln \frac{X_{ij}^1}{X_{ij}^0}$$

$$\text{s. t. } \mu_i = \sum_j X_{ij}^t \tag{3.13}$$

$$v_j = \sum_i X_{ij}^t$$

求解过程与拉格朗日待定系数法类似，不再赘述。

4. 内生化调整方法

Hudson 和 Jorgenson(1974)曾建立美国的经济系统方程，将投入产出系数完全内生，且随着各部门间的相对价格变化而变化，用相对价格变化来预测经济增长和变化情况。Israilevich 等(1996)曾经证明，在部门数较少的时候该方法比较准确，在部门数较多、相互影响较大时，准确度会下降。

5. 双比例调整方法

双比例调整(bi-proportional)方法也在经济系统方程中使用，但思路有所不同，是结合经济系统模型，对系数进行内生化并进行列调整的工作，代表性人物有 Conway(1980)、Israilevich 等(1996)、Nyhus(1983)等。INFORUM、MU-DAN 等多个模型都是采用的这种方法。Conway(1980)、Israilevich 等(1996)主要是进行了行的调整，根据传统的投入产出恒等式，用基期的投入产出系数和最终需求系数得到一个预测产出，将预测产出与实际产出相比，得到系数 r 并用做行向的调整；Nyhus(1983)则认为二者有对数关系，并基于此来做系数的调整，Kratena 和 Zakarias(2004)对这种方法的研究又有所深入，提出列向的投入分为能源和非能源部门，用生产函数再对列向进行调整。

6. 专家经验法和头脑风暴法

部分专家如 Fisher(1975)、Tiebout(1980)等试图使用头脑风暴法，依赖于专家经验来调整系数。Tiebout(1980)认为不同地区的变化可能具有一定的类似性，他用圣弗朗西斯科地区过去的表来递推普吉特海湾地区未来的表(利用类似性和发展的时间差)，Almon(1991)也用了类似的方法，把调整系数变化的因素总结为技术进步、外推和部门总合，并将其用于构建 INFORUM 模型。Miernyk(1970)的 West Virginia 模型预测用了与 Tiebout 类似的思想，但他不是用别的地区的投入产出系数来预测本地区的投入产出系数，而是认为某个部门内较先进的技术可能会在 10～15 年之后成为全国性的，因此用这样的投入产出系数来预测之后的全国的投入产出系数。王海建(1998)也建立了多种技术假定下的非线性投入占用产出模型，将部门内部的消耗系数区别为先进技术、一般技术及落后技术，并认为消耗系数的变化主要来自于各种技术所占比重的变化。这种方法一般适用于同一个国家内部的不同地区，且极大的依赖于这两个地区的一致性，一旦两个地区的区别较大时，使用起来误差也较大。

7. 部分系数调整法

该方法一般与改进的 RAS 法结合起来使用，首先选取部分系数确定为先验信息，采用各种方法得到这些信息，再使用改进的 RAS 法调整，得到目标投入产出表。Lecomber(1964，1975)、Allen 和 Lecomber(1975)、Bullard 和 Sebald (1977，1988)、Morrison 和 Thumann(1980)、Hewings(1984)、Jalili(1994)等都曾证明部分重要系数会对整个投入产出系数矩阵估计的精确度造成重要影响。

确定哪些系数作为先验信息的方法在第 2 章已进行过综述，针对这些系数获取其真实值的方式也有所不同，其中采用调查法得到真实值的方法即为混合编表法。与此同时，也有部分无须进行调查而直接进行估计的非调查部分系数调整法被提出。例如，Chen 和 Xue(1984)在 61 类主要产品投入产出表的基础上提出了一类非线性实物型投入产出模型，该模型把中间投入分为两部分，一部分是对 61 类主要产品的中间投入，另一部分是对 61 类主要产品之外的其他部分的中间投入，它是各部门产量的一个函数，不同的产品该函数也有所不同。Heen (1982)将渔业的生产函数、生物模型与投入产出模型相结合，建立了 Cod、Capelin、Herring 三种鱼类捕捞业的直接消耗系数与总产出等因素的函数关系，使 A 矩阵中三列系数非线性化。何剑鸣和王冬(1996)把整个种植业分为 13 个部门，给出了种植业的中间流量与播种面积之间的函数关系。刘秀丽(2004)选取了 47 个主要系数，建立了主系数与技术进步之间的函数关系，以 j 部门单位从业人员占用的不变价固定资产原值作为衡量技术进步的指标，分析了 1973～1999 年 47 个主要系数随之变动的规律。但固定资产原值的数据取得较为困难，一般是进行推算的，这影响了该方法的操作性。

3.1.2　基准 IO 表的确定

从前面的综述可以看出，为编制目标地区目标年份的 IO 表，不管采用哪一种非调查估计方法，均需要以具有类似技术投入结构的 IO 表为基准，此处将其定义为"基准投入产出表"。基准 IO 表的来源可以是该地区历史年份的表，可以是某个相邻地区的表，也可以是某几个类似地区 IO 表的平均，此处将最常用的几种方法介绍如下。

1. 基于目标地区历史年份表的更新方法

该方法基于目标地区最近历史年份的 IO 表，采用目标地区目标年份的中间使用合计和中间投入合计作为估计目标，并采用 RAS 法进行迭代调整，使所估计出的中间投入矩阵行和、列和与已知的行和、列和相匹配。由于所需要的信息较少，且操作易于实现，该方法是目前最常用的非调查更新方法(Miller and Blair，2009)。而 Polenske(1997)、Jackson 和 Murray (2004)的实证研究也表明，在同样的先验信息情景下，这是目前精度最高的非调查估计方法之一。

2. 基于全国 IO 表的地区化方法

需要指出的是，多数情况下，在编制目标地区 IO 表时，该地区并没有历史年份的 IO 表可供参考并作为基准。对首次编制 IO 表，即没有基准 IO 表的地区而言，通常有两种解决方法，其中一种即是基于全国投入产出系数的地区化方法。该方法认为全国的技术投入系数代表了国内各地区的平均技术水平，因此，以目标地区各部门中间投入矩阵的行和、列和为控制变量，即可将全国表用 RAS 法调整成所需目标地区的表。目前，大量的非调查地区表就是用此法调整而成，其精确度也初步得到了证明（Sawyer and Miller，1983）。

3. 基于类似地区 IO 表的目标调整法

基于类似地区 IO 表的目标调整法（exchanging coefficients）应用也很广泛（Miller and Blair，2009）。与地区化方法类似，该法也需有目标地区各部门中间投入矩阵的行和、列和为控制变量，与之不同的是，该法认为与全国表所代表的平均水平相比，某类似地区的投入产出系数更接近目标地区的技术投入水平，因此该法以类似地区表为基础，用 RAS 法进行调整，即得到目标表。Hewings（1977）曾以华盛顿州 1963 年的表为基础，估计堪萨斯州 1965 年的目标表，估计结果与实际表极为接近。

这两种以全国表或类似地区表为基础，利用已知中间投入矩阵的行和、列和作为控制变量，RAS 法调整得到目标表的方法，可谓应用最广泛的两种非调查得到技术表的方法。但值得一提的是，如何确定与目标地区的投入结构相类似的地区，尚没有统一的方法。Jiang 等（2012）提出，通常情况下目标地区各部门的增加值系数是可以计算的，而部门增加值系数可作为该地区该部门生产技术的特征。因此，他们建议采用 Jaffe（1986）提出的余弦指标[式（3.14）][1]来判定部门增加值系数向量的相似程度。

$$SI_{rk} = \frac{\sum_{j=1}^{n} u_j(r) \cdot u_j(k)}{\left[\sum_{j=1}^{n} u_j(r)^2 \cdot \sum_{j=1}^{n} u_j(k)^2\right]^{1/2}} \tag{3.14}$$

其中，$u_j(r)$ 表示 r 地区第 j 个部门的增加值系数；显然 $0 < SI < 1$，且当 $r = k$ 时，$SI = 1$。对目标地区 r，可据此计算任意地区 k 与其增加值向量的相似程度。SI 越大，表明两地区增加值向量的相似程度越高。在同时可获得多张其他地区 IO 表的前提下，可依次计算各地区与目标地区 r 增加值向量的相似系数 SI，其中具有最高 SI 的地区，可认为其投入结构与 r 最为相似，可将其 IO 表作为估计目标表的基准表。

---

[1]　参见 Oksanen 和 Williams（1992），推荐使用余弦指标判断 IO 表中技术的相似程度。

4. 基于多张类似地区 IO 表的平均系数方法

随着地区 IO 表编制的普及化，在编制目标地区 IO 表时，经常出现多个类似地区都有 IO 表存在的情况。Imansyah(2000)提出，在这种情况下，不需要选取最相似的地区 IO 表作为基准，而应考虑以可获取的类似地区的所有 IO 表的直接消耗系数做平均，作为基准表，并采用 RAS 法迭代调整，使之与目标地区已知的各部门中间投入行和/列和等一致。他将这种方法命名为基于多张类似地区 IO 表的平均系数法(averaging coefficients)。

5. FES 法

Imansyah(2000)提出的以多张类似地区 IO 表作为基准表的思路并非首创。事实上，Jensen 和 MacDonald(1982)提出的 FES 法，即鼓励采用多张 IO 表作为基准。FES 法的初衷是从另一个角度诠释中间投入的技术特征，但随后即被用于预测相关地区的中间技术投入(Jensen et al.，1988)。通过对不同地区系列 IO 表的中间投入与相关地区特征变量作回归，FES 法根据回归方程的显著性将矩阵中所有的中间投入分为两类：可预测的(基础的)和不可预测的(非基础的)。该法认为，中间投入的回归方程显著，表示这些地区具有类似的中间投入技术特征规律，因此可称为"基础"的投入(也称"可预测")。其回归方程有线性和对数两种形式。

$$Z_{ij}(r)=\alpha+\beta X(r)(r=1,2,\cdots,m) \tag{3.15}$$

$$\ln Z_{ij}(r)=\alpha+\beta X(r)(i,j=1,2,\cdots,n) \tag{3.16}$$

其中，$Z_{ij}(r)$ 为 r 地区的中间投入；$X(r)$ 为该地区的特征变量(如该地区的总产出，总增加值)；i、j 为部门代号。

Jensen 等(1988)以澳大利亚昆士兰 10 个地区的 IO 表为例，发现 11 部门表的 FES 回归结果中，有 75% 的中间投入变量具有显著的回归方程结果(显著水平确定为 10%)，证实了 FES 可以在很大程度上反映这些地区整体的技术投入水平。

之后，Westhuizen(1992)、Thakur(2004)分别在 Jensen 的基础上，用美国、印度的数据验证了 FES 的存在，并更进一步，引入了直接消耗系数作为自变量，相应部门的总产出、总投入、该地区的总人口等变量作为因变量，估计 FES 方程并利用其回归系数和已知自变量，预测目标地区的中间流量，进行了 FES 用于编制地区表的尝试，即为 FES 法。其方程为

$$a_{ij}(r)=\kappa_{ij}+\lambda_{ij}X_j(r)+e_{ij}(r) \tag{3.17}$$

我们可以证明，Imansyah(2000)所提出的平均系数方法是 FES 法的一种特例。如果我们将该地区 j 部门的总产出作为 FES 方程线性式(3.15)的自变量，则基于式(3.15)可以进一步计算出直接消耗系数为

$$a_{ij}(r) = \frac{X_{ij}(r)}{X_j(r)} = \frac{\alpha_{ij}}{X_j(r)} + \beta_{ij} + u_{ij}(r) \tag{3.18}$$

若将 α_{ij} 设定为 0，则平均系数方法与此时的 FES 方程将有同样的估计结果。

3.2 中国地区投入产出表的中间投入特点

由于我国经济发展迅速，全国及各地区的经济结构一直在发生变化；加之我国地域辽阔，各地区经济基础、资源禀赋差异很大，地区间技术水平和发展程度均存在较大悬殊，国外较适用的传统非调查法不一定适用于我国。本节以 2002 年地区表为代表，首先对我国地区表的中间投入特点进行统计分析，以初步讨论与其他国家地区表的具体差异，也为探求适用我国地区表的编制方法建立基础。

3.2.1 投入系数特点

2002 年我国地区表的部门分类为 42×42，但为使其与 1997 年 40×40 的地区表可比，我们将其合并为了 31 个部门，部门分类如表 3.1 所示。

表 3.1 部门分类标准

序号	部门	序号	部门
1	农业	17	电气机械及器材制造业
2	煤炭、石油和天然气开采业	18	电子及通信设备制造业
3	金属矿采选业	19	仪器仪表及文化办公用机械制造业
4	非金属矿采选业	20	其他制造业
5	食品制造及烟草加工业	21	电力煤气及水的生产和供应业
6	纺织业	22	建筑业
7	服装、皮革、羽绒及其他纤维制品制造业	23	交通运输、仓储及邮电通信业
8	木材加工及家具制造业	24	批发和零售贸易、餐饮业
9	造纸印刷及文教用品制造业	25	金融保险业
10	石油加工及炼焦业	26	房地产业
11	化学工业	27	社会服务业
12	非金属矿物制品业	28	卫生、体育和社会福利业
13	金属冶炼及压延加工业	29	教育、文化艺术和广播电影电视业
14	金属制品业	30	科学研究和综合技术服务业
15	机械工业	31	国家机关、政党机关和社会团体和其他
16	交通运输设备制造业		

对 30 个地区的 961 个系数逐一分析显然难以实现。由于投入系数是各地区

生产投入技术的象征(Leontief，1989)，因此，与中间投入相比，投入系数将更具稳定性和比较意义。此处首先以所有地区投入系数的平均值及其变异系数为指标，对各地区中间投入特征进行统计描述。表 3.2 给出了对 2002 年我国 30 张地区表所有投入系数的分析结果。按照从小到大的顺序，均值被细分为 7 类，变异系数被细分为 5 类。

表 3.2　2002 年中国 30 张地区表投入系数均值及变异系数统计

变异系数 CV_{ij}	投入系数均值 $\bar{a}_{ij}$($\times$1 000)							合格
	0 ~ 1	1 ~ 3	3 ~ 5	5 ~ 10	10 ~ 20	20 ~ 50	> 50	
0.0 ~ 0.5	0	0	3	3	2	22	31	61
0.5 ~ 0.8	6	32	27	21	43	62	46	237
0.8 ~ 1.0	3	31	14	36	17	22	16	139
1.0 ~ 2.0	52	75	51	56	47	39	11	331
> 2.0	73	48	32	20	19	1	0	193
合计	134	186	127	136	128	146	104	961

注：其中有 9 个系数在所有地区均为 0，此表并未将其列入

从表 3.2 中可以看出，我国地区表投入系数的变异系数普遍偏高，变异系数小于 0.5 的仅占全部系数的 6.3%，大于 1.0 的占 54.5%。相较之下，投入系数的均值分布则集中于数值较小的范围内，均值在 0.05 以下的系数高达 89.2%，而小于 0.01 的为 60.7%。

更进一步，综合均值和变异系数的结果，并将均值和变异系数分别以 0.01和 1.0 为限区分，统计结果被分为四类。其中，仅有 27.2% 的系数分布于均值较大而变异系数较小的区间；18.3% 的系数分布于均值较小变异系数也较小的区间；大部分系数分布于变异系数较大的区间，其中 12.2% 的系数均值较大，42.3% 的系数均值较小。Dietzenbacher 和 Hoen(2006)曾对 1948~1984 年连续37 年荷兰 13 个部门年度 IO 表的投入系数稳定性进行分析，发现 86.4% 的系数变异系数小于 0.5。这说明与发达国家相比，我国的投入产出系数变异程度明显偏高，不能直接套用发达国家的编表方法。同时，表 3.2 也表明，对我国的 IO表进行估计时，占比重一半左右的较小均值和较大变异系数的部分，以及占比约30% 的变异系数虽小但均值较大的部分，都在很大程度上影响流量矩阵的估计准确度，在估计时，应予重点关注。

3.2.2　FES 方程拟合结果分析

如前所述，以系列地区表的中间投入为因变量、以该地区特征变量为自变量的 FES 方程的拟合结果也从另一角度刻画了样本地区的中间投入特点。当 FES

方程的目的并非寻求各地区中间投入的共同特征，而是更好地拟合中间投入与特定自变量并进行估计时，判断指标则由显著性水平变为调整 R^2（Westhuizen，1992；Thakur，2004）。而对于自变量的选取，我们延续了文献中的方法，用地区总产出、对应投入部门总产出[$X_i(r)$]、对应产出部门总产出[$X_j(r)$]等自变量进行 FES 回归，并对方程的线性形式、对数形式、引入地区发展状况虚拟变量（即将我国划分为发达/中等/落后区域，为各地区赋予虚拟变量，将其与地区总产出等变量相乘形成自变量）等多种方式进行了尝试，具体方程如下：

$$a_{ij}(r)=\kappa_{ij}+\lambda_{ij}X_j(r)+e_{ij}(r) \tag{3.19}$$

$$a_{ij}(r)=\kappa_{ij}+\lambda_{ij}X_i(r)+e_{ij}(r) \tag{3.20}$$

$$a_{ij}(r)=\kappa_{ij}+\lambda_{ij}X(r)+e_{ij}(r) \tag{3.21}$$

$$\ln[a_{ij}(r)]=\kappa_{ij}+\lambda_{ij}\ln[X_j(r)]+e_{ij}(r) \tag{3.22}$$

$$a_{ij}(r)=\kappa_{ij}+\lambda_{ij}X_j(r)+\mu_{ij}Z_e(r)X_j(r)+e_{ij}(r) \tag{3.23}$$

$$a_{ij}(r)=\kappa_{ij}+\lambda_{ij}X_j(r)+\mu_{ij}Z_w(r)X_j(r)+e_{ij}(r) \tag{3.24}$$

其中，$a_{ij}(r)$ 表示 r 地区部门 i 对部门 j 的直接消耗系数；$X_j(r)$ 表示 r 地区部门 j 的总产出；$X_i(r)$ 表示 r 地区部门 i 的总产出；$X(r)$ 表示 r 地区的总产出；$Z_e(r)=\begin{cases}1, & \text{如果 } r \text{ 地区属于东部沿海发达地区}\\0, & \text{如果 } r \text{ 地区属于西部或中部地区}\end{cases}$；$Z_w(r)=\begin{cases}1, & \text{如果 } r \text{ 地区属于西部地区}\\0, & \text{如果 } r \text{ 地区属于东部或中部地区}\end{cases}$。

表 3.3 给出了基于 2002 年的我国地区 IO 表数据，采用上述 FES 方程进行回归时的统计结果。

表 3.3　2002 年中国 30 个地区表 FES 方程的 R^2 统计结果

调整 R^2 的范围	线性方程，单个自变量					
	$X_j(r)$ [式(3.19)]		$X_i(r)$ [式(3.20)]		$X(r)$ [式(3.21)]	
	数量	累计百分比/%	数量	累计百分比/%	数量	累计百分比/%
0.9~1.0	20	2	11	1	0	0
0.8~0.9	43	7	39	5	4	0
0.7~0.8	85	15	66	12	32	4
0.6~0.7	82	24	62	19	44	8
0.5~0.6	83	33	70	26	80	17
0.4~0.5	90	42	85	35	108	28
0.3~0.4	97	52	95	45	95	38
< 0.3	461	100	533	100	598	100
合计	961		961		961	

续表

调整 R^2 的范围	对数方程		线性方程，有虚拟变量			
	$X_j(r)$ 式 [(3.22)]		$Z_e(r)$ 式 [(3.23)]		$Z_w(r)$ 式 [(3.23)]	
	数量	累计百分比/%	数量	累计百分比/%	数量	累计百分比/%
0.9～1.0	0	0	22	2	19	2
0.8～0.9	0	0	54	8	41	6
0.7～0.8	4	0	91	17	88	15
0.6～0.7	37	4	96	27	84	24
0.5～0.6	91	14	86	36	87	33
0.4～0.5	130	27	90	46	84	42
0.3～0.4	153	43	98	56	93	52
＜ 0.3	546	100	424	100	465	100
合计	961		961		961	

表 3.3 显示，被挑选的自变量中，所对应产出部门的总产出 $X_j(r)$ 是我国地区表拟合最佳的自变量。以调整 R^2 大于 0.5 为限，$X_j(r)$ 为自变量时，有 33% 的方程符合此要求，高于以 $X_i(r)$、$X(r)$、$Z(r)$ 为自变量时的比例。当引入代表地区发展状况的虚拟变量时，方程整体的拟合程度未得到显著提高，且该虚拟变量中新加入变量通过整体 t-检验的比例在 5% 以下。据此可推论，对同一中间投入而言，以 $X_j(r)$ 为自变量的方程也应有较高的拟合程度和估计精度。因此，下文将仅以 $X_j(r)$ 作为自变量，对样本地区进行 FES 方程估计并用于目标地区的估计[①]。若将我国地区表 FES 方程的整体拟和结果与 Westhuizen (1992) 和 Thakur(2004) 对美国和印度的拟和结果相对比，可以发现，我国地区表 FES 方程的整体拟合程度明显低于美国和印度，下文将对此作进一步分析。

3.2.3　投入系数散点图分析

为进一步了解 FES 方程对我国所有地区表拟合欠佳的原因，本小节依据表 3.2 中高／低均值和高／低变异系数的分类基准，在每一类中，随机挑选几十个系数，对 30 个样本中的观测值做散点图进行比较。散点图以部门总投入为 x

---

① 在对所有地区 IO 表进行 FES 方程拟合时，本章曾尝试在 FES 方程中进一步加入其他自变量的多元模型，所考虑的自变量包括该地区的总人口、该地区劳动力总数及地区发展状况虚拟变量（即将我国划分为发达／中等／落后区域，为各地区赋予虚拟变量，将其与地区总产出等变量相乘形成自变量）等。但拟合结果显示，多元模型中新加入变量通过整体 t-检验的比例极低（5% 以下），且整体的拟合程度也未得到显著提高。因此，为节省篇幅，并未将这些多元模型的拟合结果在此一一列出。更进一步，本章也曾尝试将这些多元模型作为基准拟合方程进行预测，预测结果也并未显著的优于以 $X_j(r)$ 作为自变量时的一元模型。由此，下文进行预测方法及有效性验证的论述时，所列出的分析结果也仅为以 $X_j(r)$ 作为自变量时的一元模型。

轴，直接消耗系数为 y 轴，并将 FES 回归、所有样本直接消耗系数均值方法的拟合直线可视化，以便更直观了解投入系数的分布特点及其对应的拟合程度。

根据中间投入的含义，当 j 部门总产出为 0 时，i 部门对 j 部门的中间投入也为 0，因此在 FES 方程中应有回归系数 $\lambda_{ij}=0$，此时，拟合曲线应为与 y 轴垂直的直线。对于变异系数较低的投入系数，观测值会以较低的离散程度分布在样本均值附近，故用 FES 方程作估计时，拟合直线应有较高的 R^2。散点图（图 3.1）较好地印证了这一推测。图 3.1(a) 给出了变异系数较低时，FES 方程与均值方法的拟合线，二者几乎完全重合，实际观测值则散乱分布于该拟合线两侧（该系数为制衣业对纺织业的消耗）。

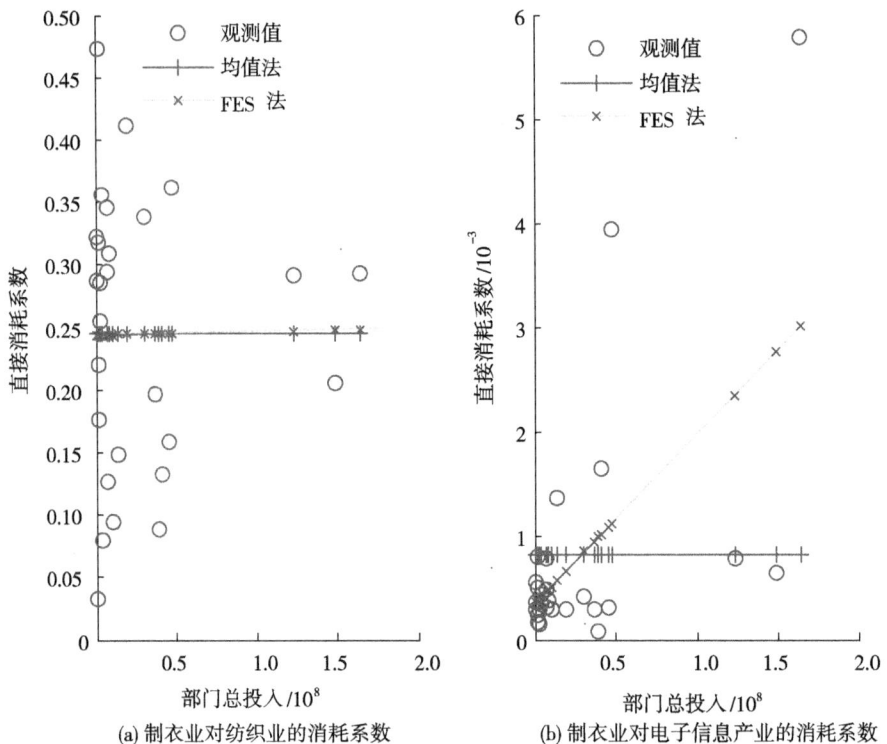

(a) 制衣业对纺织业的消耗系数　　(b) 制衣业对电子信息产业的消耗系数

图 3.1　典型系数的拟合散点图

而如图 3.1(b) 所示，对于变异系数较高的系数（该系数为制衣业对电子信息产业的消耗），FES 法与均值法的拟合结果则大不相同。与低变异系数不同，此时的观测点分布混乱，通常由集中的散点云和奇异点组成，特别是均值较低的系数，其高变异系数多由几个奇异点引起。这时，FES 方程的拟合直线基本由奇异点决定（Rousseeuw and Zomeren，1990），R^2 也较小。由于高变异系数在我国地区表系数矩阵中的比例过高，其 FES 方程整体拟合程度欠佳也就不言而喻了。

这也与我国的实际情况相符，主要是由各地区投入技术的差异较大引起的（Fleishera and Chen，1997）。

3.3 基于稳健回归的 FES 法及其有效性验证

3.3.1 基于稳健回归的 FES 法

如前所述，比例超过半数的高变异系数的投入系数，在估计中应受到重视。散点图（图 3.1）表明，其高变异系数多由部分奇异点所致。对于存在奇异点的拟合，稳健回归是更好的选择（Elteto and Koves，1964）。

经典的最小二乘（ordinary least squares，OLS）回归中，每个样本被赋予相等的权重，取残差平方和最小得到估计。即对线性回归模型 $Y = X\beta + e$ 而言，OLS 回归是使残差平方和 $Q = \sum_{i=1}^{n}(Y_i - X_i\beta)^2 = \sum_{i=1}^{n}e_i^2$ 最小的估计。但当样本中存在奇异点时，因奇异点偏差较远，其残差平方和相对更大，为压低残差总平方和，回归系数 β 的估计会偏离至奇异点，导致回归系数"失真"较大。如前所述，此时，稳健回归即是更好的选择。本章采用 MATLAB 7.0 版本中使用的加权迭代稳健回归方法，其步骤如下。

1. 奇异点的检验

奇异点的检验有多种方法，MATLAB 7.0 采用了 t-检验法，该方法一般适用于样本容量小于 50 的情况。t-检验法的原理为：依次将数据 x_i 单独列出，然后以剩余的数据作为一个总体，计算出样本均值 $\bar{x}$ 与标准差 S，并将 x_i 作为一个样本为 1 的总体，建立统计量 $T = \dfrac{x_i - \bar{x}}{S}$，若 T 值大于事先所设定的显著性水平 α 下的 t-检验法的临界值 t_α，则认为 x_i 为奇异点。

2. 对奇异点的加权

在对奇异点进行加权的过程中，MATLAB 7.0 采用的是 Huber（1981）提出的影响函数 $\rho(x)$ 代替 OLS 回归中的残差平方和 Q，即

$$\rho(x) = \begin{cases} x^2/2, & |x| \leqslant k \\ k|x| - k^2/2, & |x| > k \end{cases} \tag{3.25}$$

其中，k 为调和常数，默认 $k = 1.345$。

这时目标函数为

$$Q(\beta) = \sum \rho(x) = \sum(\rho Y_i - X_i\beta) \tag{3.26}$$

极小化式（3.26）便有

$$\sum \Psi (Y_i - X_i \beta) = 0 \tag{3.27}$$

其中，$\Psi(x)$ 为 $\rho(x)$ 的导函数。

$$\Psi(x) = \begin{cases} -k, & X < -k \\ X, & |X| \leqslant k \\ k, & X > k \end{cases} \tag{3.28}$$

于是得

$$\sum \Psi (Y_i - X_i \beta) X_i = \sum \Psi(e_i) X_i = \sum \frac{\Psi(e_i)}{e_i} \cdot e_i X_i = \sum W_i \cdot e_i \cdot X_i = 0 \tag{3.29}$$

其中，$W_i = \dfrac{\Psi(e_i)}{e_i}$ 为权重，则 β 的稳健估计可用迭代加权 OLS 回归求解，即

$$\bar{\beta}_w = (\boldsymbol{X}^{\mathrm{T}} \boldsymbol{W} \boldsymbol{X})^{-1} \boldsymbol{X}^{\mathrm{T}} \boldsymbol{W} \boldsymbol{Y} \tag{3.30}$$

迭代步骤如下：

(1) 选取 OLS 回归的 $\bar{\beta}_0 = (\boldsymbol{X}^{\mathrm{T}} \boldsymbol{X})^{-1} \boldsymbol{X}^{\mathrm{T}} \boldsymbol{Y}$ 作为迭代初值，求得初始残差 e_i。

(2) 用初始残差 e_i，由式 $W_i = \dfrac{\Psi(e_i)}{e_i}$ 求得初始权重。

(3) 利用加权 OLS 回归 $\bar{\beta}_w = (\boldsymbol{X}^{\mathrm{T}} \boldsymbol{W} \boldsymbol{X})^{-1} \boldsymbol{X}^{\mathrm{T}} \boldsymbol{W} \boldsymbol{Y}$ 求得的 $\bar{\beta}_1$ 代替第一步中的 $\bar{\beta}_0$，从而得到新的残差 e_i，由新残差又可得到新的权重。

(4) 再返回步骤(3)，依次类推计算稳健回归值 $\bar{\beta}_w$。当相邻两步的回归系数的差的绝对值的最大值小于设定的标准误差，即 $\max(|\bar{\beta}_j - \bar{\beta}_{j-1}|) < \varepsilon$ 时，则迭代结束。

在针对方程(3.17)采用稳健回归方法估计出系数后，即可按照 FES 法类似的步骤，利用目标地区的部门总产出值和回归方程系数，估计出目标地区的直接消耗系数，并采用 RAS 法将其调整至满足目标地区中间投入的行和/列和。该法被称为"基于稳健回归的 FES 法"，与之相应，传统的 FES 法被称为"基于 OLS 回归的 FES 法"。

3.3.2　基于门限回归的 FES 法

若自变量与因变量之间的关系在不同情况下存在异质性，则将所有样本放在一起进行 OLS 回归会产生很大的误差。图 3.2(b) 的高变异系数的拟合规律也可能出现如下情况：对于该产业较发达的地区(图中产出较大的几个奇异点观测值)，直接消耗系数与部门产出的斜率要小于该产业较落后的地区。换言之，中间投入与该部门总产出的关系随着产出的增长可能呈非线性的分段变化趋势。在这种情况下，Hansen (2000) 提出的门限回归方法可能更适用于这类系数的 FES 方程，即为

$$a_{ij}(r) = \kappa_{ij}^1 + \lambda_{ij}^1 X_j(r) + u_{ij}(r), \quad \forall X_j(r) \leqslant \gamma_{ij}$$
$$a_{ij}(r) = \kappa_{ij}^2 + \lambda_{ij}^2 X_j(r) + u_{ij}(r), \quad \forall X_j(r) > \gamma_{ij} \qquad (3.31)$$

其中，$r=1, 2, \cdots, m$；$i, j=1, 2, \cdots, n$。方程(3.31)可以被认为是 FES 方程(3.17)的变异。当地区 r 部门 j 的产出 $X_j(r)$ 较大时，直接消耗系数 a_{ij} 和 X_j 的线性关系与 $X_j(r)$ 较小时不同。这种关系的不同以 γ 为界，γ 即被称为门限 (threshold)，这种方法则被称为门限回归(threshold regression)。根据门限取值不同时整体残差和(sum of squared residuals，SSR)的不同，可以对该样本是否存在门限，以及是否需要进行门限回归进行显著性检验。如果该方程显著，则采用门限回归方程估计直接消耗系数与部门产出的方程系数，并根据目标地区该部门的总产出，选择合适的系数对目标地区的直接消耗系数进行估计；若该方程不显著，则仍选用普通的 OLS 回归[方程(3.17)]对直接消耗系数与部门产出的方程系数进行估计，并由此估计出目标地区的相应直接消耗系数。在得到目标地区完整的中间投入系数矩阵估计后，采用 RAS 法进行迭代调整，即为基于门限回归的 FES 法。

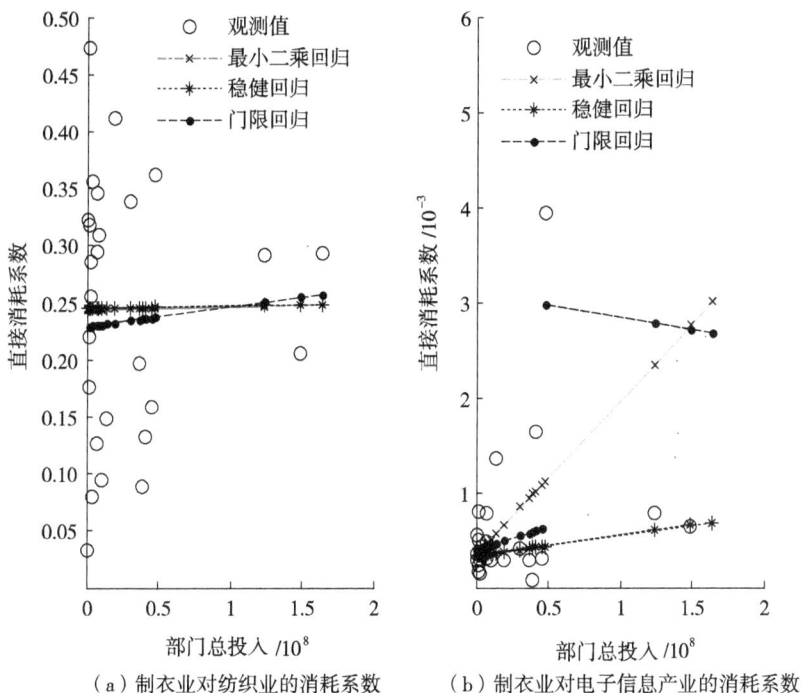

（a）制衣业对纺织业的消耗系数　　（b）制衣业对电子信息产业的消耗系数

图 3.2　各类回归的拟合结果比较

图 3.2 给出了高/低变异系数时 OLS 回归、稳健回归及门限回归的拟合结果，为具有可比性，依然选取图 3.1 同样的系数做样本。

图 3.2 表明，对于观测点均匀分布的低变异系数样本，OLS 回归、稳健回

归及门限回归的差异均不明显；但对存在奇异点的高变异系数样本，三者有很大差异：OLS回归拟合结果明显偏向奇异点，稳健回归只对奇异点之外的散点进行了拟合，门限回归则明显分为两段，以部门总产出在 0.5×10^8 为界限。对这类系数而言，采用不同的估计方法，将会产生明显不同的估计结果。

但单独的几个高变异系数的散点图并不能说明稳健回归或门限回归方法一定比传统的 OLS 回归产生更好的结果。为进一步说明是否应采纳这两种方法作为 FES 方程的估计方法，我们对 961 个系数的拟合结果进行了整体检验。门限回归的显著性检验表明，在 961 个系数中，有 112 个系数的拟合方程采用门限回归时是显著的，占所有系数的 11.7%。至少对于这 112 个系数而言，采用基于门限回归的 FES 法估计目标地区的直接消耗系数，是比 OLS 回归更具优势的。

由于稳健回归仅是对奇异点赋予了更低的比重，没有显著性检验说明该方程应采用普通 OLS 回归还是稳健回归方法进行估计。因此，我们对比了所有 961 个方程的斜率，如表 3.4 所示。

表 3.4　年各地区直接消耗系数矩阵估计的斜率统计

方程斜率	累计数量 （OLS 回归）	累计数量 （稳健回归）
$\lambda < -0.005\ 0$	2	0
$-0.005\ 0 \leqslant \lambda < 0$	21	44
$0 \leqslant \lambda < 0.002\ 5$	277	382
$0.002\ 5 \leqslant \lambda < 0.005\ 0$	156	124
$0.005\ 0 \leqslant \lambda < 0.010\ 0$	133	114
$0.010\ 0 \leqslant \lambda < 0.025\ 0$	155	125
$0.025\ 0 \leqslant \lambda < 0.050\ 0$	114	90
$\lambda \geqslant 0.05$	103	82
合计	961	961

从表 3.4 可以看出，对同样的系数而言，稳健回归估计出的斜率要远低于普通 OLS 回归估计出的斜率。在采用 OLS 回归进行估计时，有 53% 的系数 λ_{ij} 不小于 0.005，但若采用稳健回归方法，这一比率则会下降至 43%。这至少可以说明，基于稳健回归的 FES 法将给出与 OLS 回归非常不同的直接消耗系数矩阵估计结果。

表 3.5 则进一步对 112 个门限回归统计显著的系数的斜率进行了统计。从表 3.5 中可以看出，与 OLS 回归相比，较高的部门产出的门限回归方程通常也有较高的方程斜率，但整体来说，差异并不大。据此推测，对我国地区投入产出

系进行 FES 方程回归时，用稳健回归应该比门限回归或 OLS 回归有更高的拟合度。

表 3.5　1997 年各地区直接消耗系数矩阵估计的斜率统计 (通过门限回归显著性检验的系数)

方程斜率	OLS 回归	稳健回归	门限回归 (较低的部门产出)	门限回归 (较高的部门产出)
$\lambda < -0.005\ 1$	0	0	6	3
$-0.005\ 0 \leqslant \lambda < 0$	1	2	13	10
$0 \leqslant \lambda < 0.002\ 5$	31	35	27	25
$0.002\ 5 \leqslant \lambda < 0.005\ 0$	15	16	12	8
$0.005\ 0 \leqslant \lambda < 0.010\ 0$	8	13	10	11
$0.010\ 0 \leqslant \lambda < 0.025\ 0$	28	23	15	26
$\lambda \geqslant 0.025\ 0$	29	23	29	29
合计	112	112	112	112

3.3.3　各方法的估计精度比较

1. 比较程序及指标选择

为验证所提出方法及传统方法的有效性，本小节将以 1997 年和 2002 年各地区的 IO 表为数据样本，首先假设某目标地区 2002 年的直接消耗系数矩阵不存在，利用其他已有的 IO 表，依次采用基于目标地区 1997 年 IO 表的更新方法、基于全国 2002 年 IO 表的地区化方法、基于 2002 年类似地区 IO 表的目标调整法 [类似地区采用 1997 年 IO 表数据，基于方程 (3.14) 进行筛选定义]、基于所有其他地区 2002 年 IO 表的平均系数法以及基于所有其他地区 2002 年 IO 表的 FES 法 (包括 OLS 回归、稳健回归估计和门限回归估计三种估计方法)，对目标地区的直接消耗系数矩阵及中间投入矩阵进行预测，再将其与真实表对比，计算预测误差率。误差率最小的预测方法，即被认为是最有效的预测方法。在此过程中，目标地区进行 RAS 调整必需的控制量-中间投入矩阵行和、列和及 FES 方程必需的自变量-各部门总产出，均假设为已知。该假设虽然偏强，但考虑到某地区准备编制 IO 表时，如上三类数据是必须从相关统计信息中获取或者估计的，因此认为这些假设是可以满足的。

与第 2 章类似，本章仍沿用 Oosterhaven 等 (2007) 的做法，使用 WAPE 指标 (式 3.32)，以估计值偏离真实值的整体误差率表示各种方法的估计准确度。

$$\mathrm{WAPE} = \frac{\sum_i \sum_j z_{ij} \left| \dfrac{\hat{z}_{ij} - z_{ij}}{z_{ij}} \right|}{\sum_i \sum_j z_{ij}} = \frac{\sum_i \sum_j |\hat{z}_{ij} - z_{ij}|}{\sum_i \sum_j z_{ij}} \qquad (3.32)$$

其中，$\hat{z}_{ij}$ 和 z_{ij} 分别为中间投入矩阵元素的估计值和真实值。

2. 各方法的估计精度比较

将 27 个地区依次作为目标地区，以该地区 1997 年或其他 26 个地区/全国 2002 年的 IO 表为基础，依次进行估计和 RAS 法调整，各得到 27 张目标地区中间投入表，并按照 WAPE 指标，将其分别与真实值相对比，计算每种方法对各地区的估计误差率，并统计出所有地区应用该方法对应的 WAPE 误差率的均值和各方法精度最高的地区数，结果如表 3.6 所示。

表 3.6　各方法中间投入矩阵的 WAPE 精度比较

目标地区	单张表为基准的方法			多张表为基准的方法			
	更新	地区化	目标调整法	平均系数	OLS 回归的 FES	稳健回归的 FES	门限回归的 FES
安徽	0.511	0.440	0.471	0.386	0.391	0.361	0.393
北京	0.465	0.470	0.514	0.451	0.480	0.461	0.475
重庆	0.451	0.452	0.522	0.373	0.389	0.354	0.388
福建	0.711	0.582	0.591	0.537	0.541	0.540	0.539
甘肃	0.493	0.522	0.565	0.373	0.375	0.350	0.367
广东	0.445	0.403	0.440	0.362	0.379	0.380	0.394
广西	0.492	0.531	0.546	0.429	0.421	0.411	0.432
贵州	0.562	0.508	0.511	0.394	0.373	0.374	0.374
河北	0.345	0.342	0.484	0.294	0.316	0.299	0.325
河南	0.524	0.411	0.484	0.377	0.409	0.382	0.419
黑龙江	0.417	0.373	0.412	0.322	0.331	0.332	0.330
湖北	0.293	0.332	0.413	0.290	0.291	0.291	0.290
湖南	0.532	0.428	0.488	0.366	0.369	0.362	0.367
吉林	0.526	0.466	0.479	0.439	0.440	0.426	0.441
江苏	0.420	0.426	0.438	0.380	0.384	0.384	0.392
江西	0.545	0.401	0.443	0.340	0.357	0.347	0.348
辽宁	0.452	0.375	0.430	0.358	0.358	0.348	0.357

续表

目标地区	单张表为基准的方法			多张表为基准的方法			
	更新	地区化	目标调整法	平均系数	OLS 回归的 FES	稳健回归的 FES	门限回归的 FES
内蒙古	0.656	0.534	0.529	0.434	0.424	0.431	0.428
宁夏	0.553	0.559	0.583	0.465	0.449	0.435	0.459
陕西	0.462	0.480	0.572	0.423	0.429	0.411	0.434
山东	0.660	0.668	0.743	0.583	0.635	0.651	0.647
山西	0.515	0.557	0.636	0.536	0.560	0.546	0.555
上海	0.323	0.330	0.475	0.356	0.351	0.318	0.352
四川	0.493	0.419	0.469	0.356	0.359	0.352	0.371
天津	0.608	0.502	0.708	0.483	0.498	0.493	0.491
云南	0.464	0.420	0.497	0.330	0.326	0.305	0.329
浙江	0.436	0.369	0.442	0.335	0.363	0.359	0.356
平均值	0.495	0.456	0.514	0.399	0.396	0.409	0.389
精度最高地区数	1	0	0	11	2	12	1

注：阴影表示对该地区而言，该方法有最低的误差率

从表 3.6 可以看到，各非调查法估计的中间投入矩阵 WAPE 误差率基本在 0.3～0.5。但正如第 2 章提到的，先验信息的加入及调整 RAS 法的应用会极大的提高估计精度并减小 WAPE 误差率。若整体矩阵中有 5％左右的中间投入或直接消耗系数可作为先验信息已知，则 WAPE 误差率可以下降 0.1～0.2（详见第 2 章）。这说明在加入先验信息后，以混合法编制的地区 IO 表的整体估计精度仅在 0.1～0.3，这种误差范围是可接受的。

对比单张 IO 表作为基准与多张 IO 表为基准的两类方法可以发现，就估计准确度而言，后者要明显高于前者。基于多张 IO 表估计的中间投入矩阵整体平均 WAPE 误差率在 0.389～0.409，而与此同时，基于单张 IO 表估计的中间投入矩阵整体平均 WAPE 误差率在 0.456～0.514。具体到地区，以多张 IO 表为基准的方法整体估计误差率也要低于以单张 IO 表为基准的方法。除山西外，其他所有省（自治区、直辖市）基于多张 IO 表进行非调查估计时的中间投入矩阵误差率均要低于同类以单张 IO 表为基准的非调查估计。对多数地区而言，即使是表现最差的多张 IO 表作为基准的非调查估计方法也要优于表现最好的单张 IO 表作为基准的非调查估计方法。

就单张表为基准的非调查估计方法而言，以全国 IO 表为基准的地区化方

法整体说来有最高的估计精度（最低的 WAPE 误差率），紧接着是基于目标地区历史年份表的更新方法，基于类似地区 IO 表的目标调整法估计精度最低。这可能是由于中国经济发展迅速，两个调查编表年份间隔高达 5 年，从而各地区的经济结构及消耗结构在 5 年间变化剧烈造成的。这使基于历史年份表的相关方法，如更新法和目标调整法的整体估计精度均较低。对于我国 IO 表投入系数稳定性的检验也可以间接证明这一点。Dietzenbacher 和 Hoen（2006）对荷兰 1948~1984 年时序直接消耗系数进行检验发现，80% 的系数其变异系数在 0.3 以下。而对我国 1987~2002 年时序直接消耗系数进行检验则发现，所有系数的变异系数均在 0.5 以上，变异系数在 0.8 以下的系数占所有系数的比例不足 30%。

就多张 IO 表作为基准的非调查估计方法而言，各类方法的整体平均 WAPE 误差没有特别明显的差异，但对单独的地区而言，则存在一定差异。有 12 个地区采用基于稳健回归的 FES 法时有较高的估计精度，而有 8 个地区采用平均系数法时有较高的估计精度。基于 OLS 回归的 FES 法和基于门限回归的 FES 法表现则相对较弱。从精度最高的地区数量指标来看，基于稳健回归的 FES 法优于平均系数法。

但若对比平均 WAPE 误差率，可以发现平均系数法的平均误差低于基于稳健回归的 FES 法。这主要是由山东和浙江两个省份引起的。基于稳健回归的 FES 法对这两个省份的中间投入矩阵进行估计时，其误差率要远远高于平均系数法。将所有 27 个省（自治区、直辖市）均选为样本，在表 3.7 中我们列出了 961 个系数的 FES 方程，该地区的直接消耗系数在稳健回归被定义为奇异点的数量。以安徽为例，49 表示在 961 个系数的稳健回归方程中，有 49 个安徽的直接消耗系数是奇异点，在稳健回归时赋予的权重小于 0.000 5。表 3.7 中同时也列出了基于稳健回归的 FES 法（以下标 r 表示）和平均系数法（以下标 a 表示）对各地区直接消耗系数矩阵进行估计时的 WAPE 误差差异。仍以安徽为例，0.006 表示 WAPE$_a$ 比 WAPE$_r$ 要大 0.006。表 3.7 的结果说明山东和浙江的直接消耗系数很多是作为奇异点存在的，占到整体系数的 10% 以上，也因此基于稳健回归的 FES 法对这两个地区的直接消耗系数估计精度相对较低。

表 3.7　各地区奇异点数量及 WAPE 误差率的比较

地区	奇异点数量	WAPE$_a$－WAPE$_r$	地区	奇异点数量	WAPE$_a$－WAPE$_r$	地区	奇异点数量	WAPE$_a$－WAPE$_r$
安徽	49	0.006	黑龙江	63	0.002	宁夏	65	0.005
北京	62	0.014	湖北	62	0.007	陕西	52	0.006
重庆	58	0.007	湖南	91	−0.018	山东	116	−0.082

地区	奇异点数量	WAPE$_a$－WAPE$_r$	地区	奇异点数量	WAPE$_a$－WAPE$_r$	地区	奇异点数量	WAPE$_a$－WAPE$_r$
福建	97	－0.012	吉林	61	0.000	山西	59	0.023
甘肃	38	0.016	江苏	62	0.003	上海	90	－0.015
广东	67	0.000	江西	46	0.016	四川	70	－0.010
广西	62	－0.009	辽宁	73	0.018	天津	50	0.000
贵州	41	－0.012	内蒙古	59	0.004	云南	57	0.005
河北	67	－0.003	黑龙江	48	－0.011	浙江	108	－0.032

注：WAPE$_a$ 是指平均系数法的整体 WAPE 误差，WAPE$_r$ 是指基于稳健回归的 FES 法的整体 WAPE 误差。WAPE$_a$－WAPE$_r$ 为正时表示基于稳健回归的 FES 法估计精度更高

表 3.8 中列出了以列昂惕夫逆矩阵的估计精度为准时，各方法的比较结果①。该结果与表 3.6 所示中间投入矩阵的估计精度的比较结果十分类似：多张 IO 表为基准的方法仍普遍优于单张表为基准的方法；在以单张表为基准的非调查法中，以全国表为基准的地区化方法要优于基于历史年份 IO 表的更新方法和基于类似地区 IO 表的目标调整法；在以多张表为基准的方法中，基于稳健回归的 FES 法和平均系数法要优于基于 OLS 回归和门限回归的 FES 法。但略有不同的是，以精度最高地区数量指标为准时，基于稳健回归的 FES 法明显优于其他方法，共有 12 个地区采用该种方法时有最高的估计精度，相应地，平均系数法的地区数量则从 11 个下降至 8 个，基于门限回归的 FES 法的地区数量上升至了 4 个。但以平均 WAPE 指标为准时，由于山东和浙江基于稳健回归的 FES 估计误差较高，其平均 WAPE 误差率仍略高于平均系数法。

表 3.8　各方法列昂惕夫逆矩阵的 WAPE 精度比较

目标地区	单张表为基准的方法			多张表为基准的方法			
	更新	地区化	目标调整法	平均系数	OLS 回归的 FES	稳健回归的 FES	门限回归的 FES
安徽	0.347	0.281	0.324	0.240	0.246	0.233	0.251
北京	0.346	0.339	0.390	0.337	0.338	0.324	0.340
重庆	0.452	0.423	0.449	0.374	0.377	0.366	0.376
福建	0.444	0.370	0.382	0.350	0.353	0.362	0.357
甘肃	0.377	0.365	0.404	0.301	0.296	0.286	0.297

---

① 直接消耗系数的估计精度与中间投入矩阵和列昂惕夫逆矩阵相关，且类似，不再列出。

目标地区	单张表为基准的方法			多张表为基准的方法			
	更新	地区化	目标调整法	平均系数	OLS回归的FES	稳健回归的FES	门限回归的FES
广东	0.328	0.309	0.329	0.284	0.294	0.284	0.301
广西	0.407	0.381	0.393	0.317	0.311	0.326	0.316
贵州	0.429	0.399	0.419	0.332	0.326	0.344	0.321
河北	0.264	0.228	0.351	0.202	0.210	0.205	0.213
河南	0.385	0.335	0.408	0.306	0.323	0.299	0.330
黑龙江	0.297	0.263	0.284	0.214	0.220	0.212	0.223
湖北	0.239	0.236	0.296	0.207	0.208	0.225	0.213
湖南	0.364	0.290	0.335	0.256	0.260	0.256	0.258
吉林	0.362	0.405	0.374	0.394	0.390	0.376	0.388
江苏	0.337	0.306	0.314	0.272	0.265	0.269	0.268
江西	0.352	0.301	0.345	0.260	0.269	0.243	0.263
辽宁	0.304	0.239	0.262	0.218	0.221	0.214	0.217
内蒙古	0.455	0.401	0.376	0.334	0.327	0.345	0.325
宁夏	0.389	0.362	0.429	0.313	0.309	0.308	0.320
陕西	0.335	0.313	0.390	0.283	0.288	0.277	0.292
山东	0.391	0.401	0.508	0.348	0.384	0.430	0.389
山西	0.383	0.407	0.419	0.373	0.377	0.387	0.375
上海	0.256	0.226	0.298	0.237	0.233	0.214	0.232
四川	0.329	0.306	0.321	0.248	0.248	0.258	0.247
天津	0.433	0.349	0.432	0.330	0.335	0.331	0.332
云南	0.434	0.365	0.446	0.285	0.276	0.280	0.265
浙江	0.320	0.275	0.348	0.254	0.258	0.286	0.254
平均值	0.361	0.329	0.371	0.291	0.294	0.294	0.295
精度最高地区数	0	0	1	8	2	12	4

注：阴影表示对该地区而言，该方法有最低的误差率

3.3.4 鲁棒性检验

虽然本章是以编制省（自治区、直辖市）的IO表为例，对各方法的估计精度进行了比较。但这些方法可以推广用于编制地级市、县级或城区的非调查IO

表。以编制地级市(如苏州)的 IO 表为例,可选方法包括:基于苏州历史年份的 IO 表进行更新,基于江苏省 IO 表进行地区化,或基于单个类似地区(如扬州)的 IO 表进行目标调整,或基于多个类似地级市(如南京、镇江、无锡、常州、徐州、宁波等)的 IO 表,采用平均系数法或 FES 相关方法进行估计。从上文的比较结果可以看出,就我国地区 IO 表的非调查估计方法而言,基于稳健回归的 FES 法明显具有较高的估计准确度,更适用于我国的情况。但上文中可用作备选的类似 IO 表高达 26 张。在现实中,特别是编制地级市或县级城市的 IO 表时,可获取的类似地区的 IO 表数量要远低于 26 张,有时甚至只有两三张。或者可获取 IO 表的地区与目标地区经济发展状况并不十分类似。在这种情况下,基于稳健回归的 FES 法或者平均系数法是否依然比基于单张 IO 表的非调查估计方法有优势,还需进一步探讨。本节将对只有 20 张、15 张、10 张甚至 3 张同级别地区 IO 表的情况下,基于稳健回归的 FES 法相较于其他方法优势的鲁棒性进行检验。为节省篇幅又不失代表性,我们从基于单张 IO 表和基于多张 IO 表的方法各选了两种较好的方法,即基于目标地区历史年份的更新方法、基于全国 IO 表的地区化方法、平均系数法和基于稳健回归的 FES 法四种方法,进行预测精度的比较。

1. 随机取样及精度比较方法

如前所述,26 张可获取的类似地区 IO 表这一假设在现实中很难实现,实际中可获取的 IO 表数量要远低于 26 张。我们可以采用随机取样方法从 26 张 IO 表中选取所需数量的 IO 表作为样本集,但这样会产生大量的样本集。以选取 10 张 IO 表为例,若我们采用随机取样方法,从这 26 张 IO 表任意选取 10 张作为样本,则共有 $26!/(10! \cdot 16!)=5\,311\,735$ 种可能的样本组合,这显然没有必要。我们采用了 bootstrapping 取样方法类似的方法,即针对每个目标地区,选取 1 000 个样本集,每个样本集中确定数量(如 10 张)的 IO 表作为基准表。然后,我们基于每个样本集,采用非调查估计方法估计出目标地区的中间投入或列昂惕夫逆矩阵,将其与真实矩阵相比较,计算出相应的 WAPE 值,即针对同一个目标地区,每个样本集都有其对应的 WAPE 值,对其取平均作为该确定数量 IO 表集合(如 10 张)的平均误差率。与此同时,我们对两种方法在各样本集下的表现进行整体统计,即计算出在 1 000 个随机选取的样本集合中,共有多少个样本集合的一种方法优于另一种方法,以此作为该种方法优于另一种方法的佐证。

2. 平均系数法与基于稳健回归的 FES 法的比较

我们首先对比基于多种 IO 表的两种非调查估计方法。我们首先将可获取的 IO 表数量分别确定为 10 张、15 张及 20 张。表 3.9 列出了以中间投入矩阵为准时的精度比较结果。

表 3.9　样本集 IO 表数量不同的方法比较：

平均系数法 vs. 基于稳健回归的 FES 法（以中间投入矩阵为基准）

目标地区	样本集中的 IO 表数量/张								
	20			15			10		
	平均系数法的 WAPE 均值	稳健回归 FES 法的 WAPE 均值	WAPE$_a$< WAPE$_r$ 的比重 /%	平均系数法的 WAPE 均值	稳健回归 FES 法的 WAPE 均值	WAPE$_a$< WAPE$_r$ 的比重 /%	平均系数法的 WAPE 均值	稳健回归 FES 法的 WAPE 均值	WAPE$_a$< WAPE$_r$ 的比重 /%
安徽	0.389	0.367	0	0.393	0.374	1	0.401	0.388	13
北京	0.454	0.477	99	0.459	0.492	98	0.467	0.512	97
重庆	0.375	0.358	1	0.378	0.364	11	0.385	0.377	32
福建	0.540	0.542	64	0.543	0.546	62	0.551	0.557	65
甘肃	0.376	0.356	0	0.380	0.366	10	0.388	0.385	43
广东	0.365	0.388	87	0.370	0.414	94	0.377	0.466	99
广西	0.432	0.413	0	0.433	0.415	1	0.439	0.425	11
贵州	0.396	0.373	0	0.399	0.377	1	0.405	0.390	11
河北	0.297	0.304	80	0.302	0.320	86	0.311	0.348	93
河南	0.380	0.392	87	0.383	0.403	89	0.391	0.427	91
黑龙江	0.325	0.337	100	0.331	0.341	93	0.341	0.353	89
湖北	0.295	0.294	45	0.300	0.301	50	0.310	0.318	66
湖南	0.370	0.369	39	0.374	0.376	59	0.383	0.390	71
吉林	0.441	0.430	2	0.444	0.435	15	0.449	0.448	42
江苏	0.381	0.394	82	0.384	0.411	89	0.390	0.445	96
江西	0.344	0.352	91	0.348	0.359	85	0.356	0.372	85
辽宁	0.363	0.352	8	0.367	0.362	30	0.377	0.386	60
内蒙古	0.437	0.432	19	0.442	0.437	29	0.450	0.449	44
宁夏	0.468	0.438	0	0.471	0.452	7	0.478	0.474	39
陕西	0.426	0.415	2	0.430	0.422	12	0.437	0.433	37
山东	0.585	0.662	100	0.589	0.670	100	0.596	0.682	100
山西	0.538	0.544	78	0.539	0.546	70	0.544	0.553	69
上海	0.359	0.333	4	0.362	0.352	27	0.369	0.387	63
四川	0.360	0.357	30	0.364	0.366	57	0.373	0.385	77
天津	0.486	0.497	95	0.489	0.502	90	0.495	0.514	87

目标地区	样本集中的 IO 表数量/张								
	20			15			10		
	平均系数法的 WAPE 均值	稳健回归 FES 法的 WAPE 均值	WAPE$_a$< WAPE$_r$ 的比重 /%	平均系数法的 WAPE 均值	稳健回归 FES 法的 WAPE 均值	WAPE$_a$< WAPE$_r$ 的比重 /%	平均系数法的 WAPE 均值	稳健回归 FES 法的 WAPE 均值	WAPE$_a$< WAPE$_r$ 的比重 /%
云南	0.332	0.311	0	0.337	0.318	0	0.345	0.335	17
浙江	0.337	0.370	100	0.342	0.391	99	0.351	0.424	97
平均值	0.402	0.402	44.9	0.406	0.412	50.4	0.413	0.430	62.7
精度更高地区数	12	15	15	15	12	13	17	10	10

注：阴影表示对该地区而言，该方法有最低的误差率；平均值计算各地区权重相同；精度更高的地区数是指 WAPE$_a$<WAPE$_r$ 的样本比重小于 50% 的地区数量

表 3.9 中列出了各种样本集 IO 表数量情景下，平均系数法和基于稳健回归的 FES 法的预测精度比较结果。以安徽 15 张 IO 表的情景为例，0.393 表示基于 1 000 个随机选取的样本集（每个样本集中有 15 张其他地区的 IO 表），采用平均系数进行估计时的所有 1 000 个样本集的平均 WAPE 误差是 0.393；相应地，基于同样的 1 000 个样本集，采用基于稳健回归的 FES 法进行估计时，所有 1 000 个样本集的平均 WAPE 误差则是 0.374。另外，所有 1 000 个样本集中，有 1% 的样本，即大概 10 个样本集的 WAPE$_a$ < WAPE$_r$，即对剩下的 990 个样本集而言，基于稳健回归的 FES 法的估计误差 WAPE$_r$ 均要小于平均系数法的估计误差 WAPE$_a$。就这种情景而言，基于稳健回归的 FES 法是明显优于平均系数法的。

从表 3.9 可以看出，随着样本集中可获取 IO 表数量的减少，各类非调查估计方法的 WAPE 误差率均在逐渐上升。这说明可获取作为基准的相似地区 IO 表数量越多，基于多张 IO 表的非调查估计方法的估计精度就越高。与此同时，随着样本集中可获取 IO 表数量的减少，基于稳健回归的 FES 法相较于平均系数法的优势也在逐渐减小。可获取 IO 表数量为 20 张时，有 15 个地区的基于稳健回归的 FES 法的平均 WAPE 误差率要低于平均系数法；当可获取 IO 表数量为 15 张，仅有 12 个地区基于稳健回归的 FES 法的平均 WAPE 误差率低于平均系数法；当可获取 IO 表数量仅为 10 张时，基于稳健回归的 FES 法表现甚至不及平均系数法，仅有 10 个地区宜采用基于稳健回归的 FES 法进行估计。对于

WAPE$_a$＜WAPE$_r$的样本比重小于50％的地区数量的比较也证明了同样的规律。若 WAPE$_a$＜WAPE$_r$的样本比重小于50％，我们可以认为该地区采用基于稳健回归的 FES 法更优。这一地区数量，随着可获取 IO 表数量从 20 降至 10，也相应地从 15 降至 10。

事实上，随着可获取 IO 表数量的减少，基于稳健回归的 FES 法相较于平均系数法优势逐渐减弱是可以理解的。因为可获取 IO 表数量的减少代表着回归方程中观测点的减少，相应的奇异点总量也会减少，此时采用稳健回归与传统的 OLS 回归并不会在回归系数上产生很大的不同。而 3.2 节中已经证明，基于 OLS 回归的 FES 法表现弱于平均系数法，因此当 IO 表可获取数量减少时，平均系数法相较于基于稳健回归的 FES 法反而有更高的估计精度。

表 3.10 中列出了以列昂惕夫逆矩阵为基准时，平均系数法与基于稳健回归的 FES 法的估计精度比较结果。该结果与中间投入矩阵的比较结果非常类似。唯一有所不同的是，平均系数法相较于基于稳健回归的 FES 法的优势随着样本集中 IO 表数量的减少甚至更加明显。以可获取 IO 表数量为 10 张时的情景为例，仅有 5 个地区采用基于稳健回归的 FES 法有整体较高的 WAPE 精度，同时仅有 6 个地区大部分样本的 WAPE$_r$ 误差要小于 WAPE$_a$ 误差。这说明：随着可获取的 IO 表数量的减少，特别是当可获取的 IO 表数量在 10 张以下时，对我国的大部分地区而言，宜选用平均系数法对目标地区的中间投入或直接消耗系数矩阵进行非调查法估计。

表 3.10　样本集 IO 表数量不同的方法比较：

平均系数法 vs. 基于稳健回归的 FES 法（以列昂惕夫逆矩阵为基准）

| 目标地区 | 样本集中的 IO 表数量/张 | | | | | | | | |
| | 20 | | | 15 | | | 10 | | |
	平均系数法的 WAPE 均值	稳健回归 FES 法的 WAPE 均值	WAPE$_a$＜WAPE$_r$的比重/%	平均系数法的 WAPE 均值	稳健回归 FES 法的 WAPE 均值	WAPE$_a$＜WAPE$_r$的比重/%	平均系数法的 WAPE 均值	稳健回归 FES 法的 WAPE 均值	WAPE$_a$＜WAPE$_r$的比重/%
安徽	0.242	0.240	34	0.246	0.246	49	0.252	0.256	68
北京	0.339	0.336	31	0.341	0.344	56	0.345	0.356	74
重庆	0.375	0.367	4	0.378	0.370	13	0.382	0.377	31
福建	0.352	0.363	99	0.355	0.366	94	0.360	0.371	86
甘肃	0.304	0.290	0	0.306	0.294	4	0.312	0.304	21
广东	0.285	0.287	51	0.288	0.301	73	0.291	0.327	94
广西	0.319	0.327	92	0.322	0.329	82	0.329	0.336	78

续表

目标地区	样本集中的 IO 表数量/张								
	20			15			10		
	平均系数法的 WAPE 均值	稳健回归 FES 法的 WAPE 均值	WAPE$_a$< WAPE$_r$ 的比重 /%	平均系数法的 WAPE 均值	稳健回归 FES 法的 WAPE 均值	WAPE$_a$< WAPE$_r$ 的比重 /%	平均系数法的 WAPE 均值	稳健回归 FES 法的 WAPE 均值	WAPE$_a$< WAPE$_r$ 的比重 /%
贵州	0.335	0.343	95	0.338	0.344	80	0.344	0.350	75
河北	0.204	0.207	62	0.208	0.216	73	0.214	0.231	81
河南	0.308	0.305	31	0.311	0.312	50	0.317	0.327	70
黑龙江	0.217	0.216	33	0.222	0.220	42	0.230	0.231	56
湖北	0.210	0.226	100	0.215	0.230	99	0.223	0.239	95
湖南	0.258	0.260	76	0.262	0.265	74	0.268	0.273	78
吉林	0.396	0.382	19	0.400	0.392	36	0.405	0.410	45
江苏	0.273	0.279	71	0.276	0.290	82	0.280	0.308	95
江西	0.262	0.248	0	0.265	0.254	5	0.269	0.266	36
辽宁	0.221	0.217	20	0.224	0.222	32	0.230	0.234	56
内蒙古	0.337	0.344	87	0.341	0.346	71	0.347	0.352	67
宁夏	0.315	0.313	28	0.318	0.320	61	0.324	0.333	79
陕西	0.285	0.279	9	0.287	0.283	20	0.292	0.291	44
山东	0.350	0.429	100	0.353	0.428	100	0.358	0.429	100
山西	0.374	0.385	91	0.376	0.385	83	0.380	0.387	73
上海	0.238	0.223	3	0.240	0.234	26	0.245	0.254	61
四川	0.250	0.259	99	0.254	0.263	93	0.261	0.273	90
天津	0.331	0.332	58	0.332	0.334	62	0.335	0.341	74
云南	0.288	0.283	18	0.292	0.287	31	0.299	0.296	42
浙江	0.256	0.290	100	0.258	0.298	100	0.264	0.308	100
平均值	0.293	0.297	52.3	0.297	0.303	58.9	0.302	0.313	69.2
精度更高地区数	14	13	13	17	10	10	22	5	6

注：阴影表示对该地区而言，该方法有最低的误差率；平均值计算时各地区权重相同；精度更高的地区数量是指 WAPE$_a$<WAPE$_r$ 的样本比重小于 50% 的地区数量

3. 平均系数法与传统基于单张 IO 表非调查法的比较

在本节中，我们将进一步对比平均系数法与传统的基于单张 IO 表的非调查法，包括基于目标地区历史年份的更新方法和基于全国 IO 表的地区化方法。

表 3.11 中列出了进一步减少可获取的 IO 表数量时，以中间投入矩阵为基准时，各方法的平均 WAPE 精度比较。从表 3.11 中可以看出，除了北京、上海、辽宁和湖北外，当可获取的 IO 表数量减少至 8 张时，平均系数法的 WAPE 误差率依然低于传统的更新方法和地区化调整方法。

表 3.11　样本集 IO 表数量不同的 WAPE 比较：
平均系数法 vs. 基于单张 IO 表的传统非调查法(以中间投入矩阵为基准)

目标地区	平均系数法：可获取 IO 表数量/张							更新方法	地区化方法
	26	20	15	10	8	5	3		
安徽	0.386	0.389	0.393	0.401	0.406	0.419	0.442	0.511	0.440
北京	0.451	0.454	0.459	0.467	0.473	0.488	0.511	0.465	0.470
重庆	0.373	0.375	0.378	0.385	0.389	0.402	0.421	0.451	0.452
福建	0.537	0.540	0.543	0.551	0.556	0.571	0.590	0.711	0.582
甘肃	0.373	0.376	0.380	0.388	0.394	0.410	0.436	0.493	0.522
广东	0.362	0.365	0.370	0.377	0.383	0.397	0.422	0.445	0.403
广西	0.429	0.432	0.433	0.439	0.444	0.456	0.475	0.492	0.531
贵州	0.394	0.396	0.399	0.405	0.410	0.422	0.442	0.562	0.508
河北	0.294	0.297	0.302	0.311	0.317	0.335	0.362	0.345	0.342
河南	0.377	0.380	0.383	0.391	0.396	0.408	0.430	0.524	0.411
黑龙江	0.322	0.325	0.331	0.341	0.348	0.368	0.395	0.417	0.373
湖北	0.290	0.295	0.300	0.310	0.317	0.335	0.364	0.293	0.332
湖南	0.366	0.370	0.374	0.383	0.389	0.404	0.429	0.532	0.428
吉林	0.439	0.441	0.444	0.449	0.453	0.465	0.481	0.526	0.466
江苏	0.380	0.381	0.384	0.390	0.395	0.407	0.426	0.420	0.426
江西	0.340	0.344	0.348	0.356	0.363	0.379	0.405	0.545	0.401
辽宁	0.358	0.363	0.367	0.377	0.383	0.401	0.426	0.452	0.375
内蒙古	0.434	0.437	0.442	0.450	0.456	0.472	0.498	0.656	0.534
宁夏	0.465	0.468	0.471	0.478	0.484	0.495	0.512	0.553	0.559
陕西	0.423	0.426	0.430	0.437	0.441	0.454	0.473	0.462	0.480
山东	0.583	0.585	0.589	0.596	0.601	0.613	0.632	0.660	0.668
山西	0.536	0.538	0.539	0.544	0.548	0.557	0.570	0.515	0.557
上海	0.356	0.359	0.362	0.369	0.373	0.388	0.411	0.323	0.330
四川	0.356	0.360	0.364	0.373	0.380	0.395	0.421	0.493	0.419

续表

目标地区	平均系数法：可获取 IO 表数量/张							更新方法	地区化方法
	26	20	15	10	8	5	3		
天津	0.483	0.486	0.489	0.495	0.498	0.512	0.526	0.608	0.502
云南	0.330	0.332	0.337	0.345	0.350	0.365	0.387	0.464	0.420
浙江	0.335	0.337	0.342	0.351	0.357	0.373	0.398	0.436	0.369

注：阴影表示对该地区而言，平均系数法有最低的误差率；当可获取的 IO 表数量为 26 张时，只有 1 个样本集存在

表 3.12 中则列出了以列昂惕夫逆矩阵为基准时，平均系数法与传统基于单张 IO 表的非调查估计方法的 WAPE 误差率比较结果。除吉林、北京、湖北、天津、上海和浙江外，当可获取的 IO 表数量低于 5 张时，平均系数法都优于传统的基于单张 IO 表的更新方法或地区化调整方法。这说明对我国的大部分地区而言，只要该地区不是特别发达（如北京、上海），当可获取的同年份同级别地区 IO 表多于 5 张时，即使该地区与目标地区在经济发展上并不十分类似，也宜采用平均系数法对目标地区目标年份的 IO 表进行估计。

表 3.12　样本集 IO 表数量不同的 WAPE 比较：
平均系数法 vs. 基于单张 IO 表的传统非调查法（以列昂惕夫逆矩阵为基准）

目标地区	平均系数法：可获取 IO 表数量/张							更新方法	地区化方法
	26	20	15	10	8	5	3		
安徽	0.240	0.242	0.246	0.252	0.256	0.267	0.286	0.347	0.281
北京	0.337	0.339	0.341	0.345	0.348	0.356	0.368	0.346	0.339
重庆	0.374	0.375	0.378	0.382	0.385	0.394	0.408	0.452	0.423
福建	0.350	0.352	0.355	0.360	0.363	0.372	0.384	0.444	0.370
甘肃	0.301	0.304	0.306	0.312	0.317	0.327	0.345	0.377	0.365
广东	0.284	0.285	0.288	0.291	0.295	0.302	0.317	0.328	0.309
广西	0.317	0.319	0.322	0.329	0.333	0.345	0.364	0.407	0.381
贵州	0.332	0.335	0.338	0.344	0.348	0.360	0.379	0.429	0.399
河北	0.202	0.204	0.208	0.214	0.218	0.231	0.251	0.264	0.228
河南	0.306	0.308	0.311	0.317	0.320	0.329	0.345	0.385	0.335
黑龙江	0.214	0.217	0.222	0.230	0.235	0.250	0.271	0.297	0.263
湖北	0.207	0.210	0.215	0.223	0.228	0.243	0.265	0.239	0.236
湖南	0.256	0.258	0.262	0.268	0.272	0.283	0.301	0.364	0.290

续表

目标地区	平均系数法：可获取 IO 表数量/张							更新方法	地区化方法
	26	20	15	10	8	5	3		
吉林	0.394	0.396	0.400	0.404	0.405	0.426	0.451	0.362	0.405
江苏	0.272	0.273	0.276	0.280	0.284	0.291	0.304	0.337	0.306
江西	0.260	0.262	0.265	0.269	0.274	0.284	0.302	0.352	0.301
辽宁	0.218	0.221	0.224	0.230	0.235	0.247	0.264	0.304	0.239
内蒙古	0.334	0.337	0.341	0.347	0.352	0.363	0.381	0.455	0.401
宁夏	0.313	0.315	0.318	0.324	0.328	0.337	0.353	0.389	0.362
陕西	0.283	0.285	0.287	0.292	0.295	0.304	0.318	0.335	0.313
山东	0.348	0.350	0.353	0.358	0.362	0.371	0.387	0.391	0.401
山西	0.373	0.374	0.376	0.380	0.383	0.390	0.401	0.383	0.407
上海	0.237	0.238	0.240	0.245	0.247	0.257	0.272	0.256	0.226
四川	0.248	0.250	0.254	0.261	0.265	0.278	0.299	0.329	0.306
天津	0.330	0.331	0.332	0.335	0.336	0.344	0.352	0.433	0.349
云南	0.285	0.288	0.292	0.299	0.303	0.314	0.333	0.434	0.365
浙江	0.254	0.256	0.258	0.264	0.268	0.279	0.295	0.320	0.275

注：阴影表示对该地区而言，平均系数有最低的误差率；当获取 IO 表数量为 26 时，只有 1 个样本集存在

由于地区化方法的整体表现要优于基于历史年份表的更新方法，表 3.13 和表 3.14 中，我们分别以中间投入矩阵和列昂惕夫逆矩阵为基准，首先对各种可获取 IO 表数量的情景下，1 000 个样本集中平均系数法劣于地区化方法估计精度的样本集比重进行了比较。该结果与 WAPE 精度的比较结果基本一致。以列昂惕夫逆矩阵为基准时，除北京、上海和吉林外，当获取的 IO 表数量大于 10 时，平均系数法相较于地区化有绝对优势：1 000 个样本集中多于 90% 的样本集均有平均系数法的估计精度高于地区化方法。

表 3.13 样本集 IO 表数量不同时
平均系数法劣于地区化方法的样本集比重(以中间投入矩阵为基准)(单位:%)

目标地区	可获取 IO 表数量/张							
	20	15	10	8	7	6	5	3
安徽	0	0	0	0	2	7	15	53
北京	2	18	41	55	61	66	76	84
重庆	0	0	0	0	0	0	1	13

续表

目标地区	可获取 IO 表数量/张							
	20	15	10	8	7	6	5	3
福建	0	0	1	4	9	17	29	57
甘肃	0	0	0	0	0	0	0	0
广东	0	0	4	14	20	28	39	68
广西	0	0	0	0	0	0	0	2
贵州	0	0	0	0	0	0	0	1
河北	0	0	0	3	7	17	33	77
河南	0	0	8	17	27	36	46	73
黑龙江	0	0	0	4	10	21	38	81
湖北	0	0	2	13	24	37	57	91
湖南	0	0	0	0	0	1	6	51
吉林	0	0	7	16	22	33	47	71
江苏	0	0	3	8	14	17	23	47
江西	0	0	0	1	2	8	17	51
辽宁	1	19	54	68	72	80	86	94
内蒙古	0	0	0	0	0	0	0	9
宁夏	0	0	0	0	0	1	1	8
陕西	0	0	0	1	2	5	11	37
山东	0	0	0	0	0	0	0	5
山西	0	4	22	32	37	45	51	65
上海	100	99	97	96	95	98	97	97
四川	0	0	0	0	1	3	11	52
天津	2	16	36	43	47	54	63	69
云南	0	0	0	0	0	0	0	10
浙江	0	0	6	19	30	43	57	85

注：该比重表示 1 000 个样本集中，地区化方法比平均系数法有更高预测精度的样本集比重。阴影为小于 10% 的比重，即平均系数法相较于地区化方法有绝对优势

表 3.14　样本集 IO 表数量不同时

平均系数法劣于地区化方法的样本集比重(以列昂惕夫逆矩阵为基准)(单位:%)

目标地区	可获取 IO 表数量/张							
	20	15	10	8	7	6	5	3
安徽	0	0	0	0	1	5	14	63
北京	53	64	70	75	78	80	84	91
重庆	0	0	0	0	0	0	0	14

续表

目标地区	可获取 IO 表数量/张							
	20	15	10	8	7	6	5	3
福建	0	0	10	19	28	41	51	81
甘肃	0	0	0	0	0	0	2	16
广东	0	0	5	13	19	25	38	62
广西	0	0	0	0	0	0	1	15
贵州	0	0	0	0	0	0	2	16
河北	0	0	8	23	31	42	58	87
河南	0	0	5	13	21	26	39	66
黑龙江	0	0	0	0	2	5	13	66
湖北	0	0	3	17	30	51	69	96
湖南	0	0	0	0	3	8	26	74
吉林	25	35	44	47	48	50	52	60
江苏	0	0	0	2	4	9	16	49
江西	0	0	0	0	1	6	14	44
辽宁	0	0	16	33	46	56	68	89
内蒙古	0	0	0	0	0	0	1	17
宁夏	0	0	0	0	1	5	11	38
陕西	0	0	1	4	8	13	23	58
山东	0	0	0	0	0	1	4	22
山西	0	0	0	2	4	7	14	36
上海	99	96	95	94	93	96	96	100
四川	0	0	0	0	0	0	1	35
天津	0	0	8	16	18	27	33	53
云南	0	0	0	0	0	0	1	13
浙江	0	0	12	28	35	46	65	88

注：该比重表示 1 000 个样本集中，地区化方法比平均系数法有更高预测精度样本集比重。阴影为小于 10％的比重，即平均系数法相较于地区化方法有绝对优势

表 3.15 以列昂惕夫逆矩阵为基准，对比了样本集 IO 表数量不同情景下，平均系数法劣于更新方法的样本集比重。除北京、吉林、山西和上海外，当可获取的 IO 表数量低至 10 张时，平均系数法都优于基于历史年份的更新方法。而

基于该地区历史年份的更新方法是目前发达国家使用最为广泛的非调查法。这说明由于我国目前正处于经济快速发展的阶段，经济及产业消耗结构变化剧烈，发达国家使用广泛的方法并不适用于我国地区 IO 表的编制。

表 3.15　样本集 IO 表数量不同时
平均系数法劣于更新方法的样本集比重(以列昂惕夫逆矩阵为基准)(单位：%)

目标地区	可获取 IO 表数量/张							
	20	15	10	8	7	6	5	3
安徽	0	0	0	0	0	0	0	0
北京	8	23	42	55	59	64	72	84
重庆	0	0	0	0	0	0	0	0
福建	0	0	0	0	0	0	0	0
甘肃	0	0	0	0	0	0	0	9
广东	0	0	0	0	2	3	7	30
广西	0	0	0	0	0	0	0	1
贵州	0	0	0	0	0	0	0	1
河北	0	0	0	0	0	0	2	25
河南	0	0	0	0	0	0	0	4
黑龙江	0	0	0	0	0	0	0	10
湖北	0	0	1	7	19	36	59	93
湖南	0	0	0	0	0	0	0	0
吉林	100	96	92	89	87	88	89	92
江苏	0	0	0	0	0	0	0	4
江西	0	0	0	0	0	0	0	1
辽宁	0	0	0	0	0	0	0	3
内蒙古	0	0	0	0	0	0	0	0
宁夏	0	0	0	0	0	0	0	13
陕西	0	0	0	0	0	0	1	17
山东	0	0	0	1	2	4	11	38
山西	0	11	39	48	52	61	65	84
上海	0	2	18	28	36	41	49	71
四川	0	0	0	0	0	0	0	5
天津	0	0	0	0	0	0	0	0
云南	0	0	0	0	0	0	0	0
浙江	0	0	0	0	0	0	0	10

注：该比重表示 1 000 个样本集中，地区化方法比平均系数法有更高预测精度的样本集比重。阴影为小于 10% 的比重，即平均系数法相较于地区化方法有绝对优势

3.4 中国地区投入产出表的非调查
估计方法：小结

目前地区 IO 表的非调查估计方法有很多，但应用最广泛且已在发达国家/地区证实具有较高估计精度的是以目标地区历史年份的 IO 表为基准的 RAS 更新方法。当目标地区没有编制过 IO 表时，基于全国 IO 表的地区化方法或是基于类似地区 IO 表的目标调整法也是应用较广的方法，这些方法均是以单张 IO 表作为基准表。本章梳理了目前已有的利用多张其他地区 IO 表作为基准估计目标地区中间投入矩阵的方法，包括平均系数法和 FES 法，并在此基础上，结合我国各地区直接消耗系数/中间投入的特点，提出了基于稳健回归的 FES 法和基于门限回归的 FES 法。以 1997 年和 2002 年我国各地区部门分类一致的 IO 表为基准，本章对上述方法的估计精度进行了模拟对比。对比结果表明，与传统的基于单张 IO 表为基准的方法相比，基于多张 IO 表为基准的非调查法由于利用了更多其他地区的投入技术特征信息，明显有较高的估计精度。另外，由于我国各地区经济发展水平不一，地区 IO 表的分布常存在"奇异点"。基于稳健回归的 FES 法由于考虑了这一特征，在估计 FES 方程过程中对"奇异点"赋予了较低的权重，相较于其他基于多张 IO 表的方法又有明显更高的估计精度。这说明对于我国地区 IO 表的非调查估计而言，融合了各地区中间投入特点的基于稳健回归的 FES 法是相对较为有效的方法。

但需要注意的是，当可获取的其他地区 IO 表少于 10 张时，基于稳健回归的 FES 法相较于其他基于多张 IO 表为基准的非调查法就不具有明显的优势。此时，宜采用基于多张类似地区 IO 表的平均系数法对目标地区的直接消耗系数的中间投入矩阵进行估计。进一步的鲁棒性检验表明，由于我国各地区经济发展迅速，直接消耗系数矩阵的稳定性较差，因此在发达国家已经证实具有较高估计精度的基于目标地区历史年份 IO 表的 RAS 更新方法并不适用于我国地区 IO 表的编制。对除了北京、上海之外的我国大部分地区而言，当可获取的其他地区 IO 表（即使该地区与目标地区经济发展水平有一定差异）超过 3 张时，都宜采用平均系数法估计该地区的 IO 表。

本章另一个贡献在于，根据对地区表投入系数的分类散点图分析，发现我国的地区中间投入由于各地区间存在较大的技术差异，在散点图中出现奇异点不可避免。在实际中采用非调查法进行地区表编制时，不仅应注意尽量利用其他地区表中的信息，也应注意对奇异点的处理。

参考文献

何剑鸣，王冬．1996．全国种植业非线性投入产出模型的研究．系统工程理论与实践，16(9)：64-72.

刘秀丽．2004．投入占用产出技术中若干理论与应用问题研究．中国科学院博士学位论文．

王海建．1998．国民经济系统非线性投入占用产出理论与应用的几个问题研究．中国科学院博士学位论文．

Allen R I G，Lecomber J R C. 1975. Some tests of generalized version of RAS. *In*：Allen R I G，Gossling W F. Estimating and Projecting Input-Output Coefficients. London：Input-Output Publishing Company.

Almon C. 1991. The INFORUM approach to interindustry modeling. Economic Systems Research，3：1-7.

Bullard C W，Sebald A V. 1977. Effects of parametric uncertainty and technological change on input-output models. The Review of Economic and Statistics，59：708-712.

Bullard C W，Sebald A V. 1988. Monte Carlo sensitivity analysis of input-output models. The Review of Economic and Statistics，70：75-81.

Cardenete M A，Sancho F. 2004. Sensitivity of CGE simulation results to competing SAM updates. Review of Regional Studies，34 (1)：37-56.

Chen X，Xue X. 1984. A non-linear input-output model in physical units and its application in China. Proceedings of the Seventh International Conference on Input-Output Techniques，United Nations：201-209.

Conway R S. 1980. Changes in regional input-output coefficients and regional forecasting. Regional Science and Urban Economics，10：153-171.

Dietzenbacher E，Hoen A R. 2006. Coefficient stability and predictability in input-output models：a comparative analysis for the Netherlands. Construction Management and Economics，24(7)：671-680.

Elteto O，Koves P. 1964. One index computation problem of international comparisons. Statisztikai Szemle，7：507-518

Fisher H W. 1975. Ex-ante as a supplement of alternative to RAS in updating input-output coefficients. *In*：Allen R I G，Gossling W F. Estimating and Projecting Input-Output Coefficients. London：Input-Output Publishing Company.

Fleishera B M，Chen J. 1997. The coast-noncoast income gap，productivity，and regional economic policy in China. Journal of Comparative Economics，25(2)：220-236.

Fujimoto T. 1986. Nonlinear model in abstract spaces. Journal of Mathematical Economics，15：151-156.

Gilchrist D A，Louis L V. 1999. Completing input-output tables using partial information：an application of Canadian data. Economic Systems Research，11：185-193.

Golan A，Judge G，Robinson S. 1994. Recovering information from incomplete or partial multisectoral economic data. Review of Economics and Statistics, 76: 541-549.

Hansen B E. 2000. Sample splitting and threshold estimation. Econometrica, 68: 575-603.

Hansen B E. 2001. The new econometrics of structural change: dating breaks in U. S. labor productivity. Journal of Economic Perspectives, 15: 117-128.

Heen K. 1982. Impact analysis with variable input-output coefficients. Economic Systems Research, 4(2): 115-124.

Hewings G J D. 1977. Evaluating the possibilities for exchanging regional input-output coefficients. Environment and Planning, 9(8): 924-944.

Hewings G J D. 1984. The role of prior information in updating input-output models. Socio-Economic Planning Science, 18: 319-339.

Huber P J. 1981. Robust Statistics. New York: Wiley.

Hudson E A, Jorgenson D W. 1974. U. S. energy policy and economic growth, 1975-2000. Bell Journal of Economics, 5(2): 461-514.

Imansyah M H. 2000. An efficient method for constructing regional input-output table: a horizontal a approach in Indonesia. Paper Presented at the 13th International Conference on Input-Output Techniques, in Macerata, August.

Israilevich P R, Hewings G J D, Schindler G, et al. 1996. The choice of an input-output table embedded in regional input-output models. Papers in Regional Science, 75: 103-119.

Jackson R W, Murray A T. 2004. Alternative input-output matrix updating formulations. Economic Systems Research, 16(2): 135-148.

Jaffe A B. 1986. Technological opportunity and spillovers of R&D: evidence from firms' patens, profits, and market value. American Economic Review, 76: 984-1001.

Jalili A R. 1994. An inquiry into non-survey techniques for updating input-output coefficients. PhD. Dissertation, University of New Hampshire.

Jalili A R. 2000. Evaluating relative performances of four non-survey techniques of iupdating input-output coefficients. Economics of Planning, 33: 221-237.

Jensen R C, MacDonald S. 1982. Technique and technology in regional input-output. The Annals of Regional Science, 5(2): 139-154.

Jensen R C, West G R, Hewings G J D. 1988. The study of regional economic structure using input-output tables. Regional Studies, 22: 209-220.

Jiang X, Dietzenbacher H W A, Los B. 2012. Improved estimation of regional input-output tables using cross-regional methods. Regional Studies, 46(5): 621-637.

Junius T, Oosterhaven J. 2003. The solution of updating or regionalizing a matrix with both positive and negative entries. Economics Systems Research, 15(1): 87-96.

Kratena K, Zakarias G. 2004. Input coefficient change using bi-proportional econometric adjustment function. Economic Systems Reseach, 16(2): 191-203.

Lahr M L. 2001. A strategy for producing hybrid regional input-output tables. In: Lahr M, Dietzenbacher E. Input-Output Analysis: Frontiers and Extensions. London: Palgrave.

Lecomber J R C. 1964. A Generalization of RAS. Growth Project Paper 196，Cambridge，Cambridge University.

Lecomber J R C. 1975. A critique of methods of adjusting，updating and projecting matrices. *In*：Allen R I G，Gossling W F. Estimating and Projecting Input-Output Coeffcients. London：Input-Output Publishing Company.

Leontief W. 1989. Input-output data base for analysis of technological change. Economic Systems Research，1：287-295.

Miernyk W H. 1970. The west Virginia dynamic model and its implications. Growth and Change，1：27-32.

Miller R E，Blair P D. 2009. Input-Output Analysis：Foundations and Extensions (2nd ed.). Cambridge：Cambridge University Press.

Morrison W I，Thumann R G. 1980. A lagrangian multiplier approach to the solution of a special constrained matrix problem. Journal of Regional Science，20：279-292.

Nyhus D. 1983. Observing structural change in the Japanese economy：an input-output approach. *In*：Smyshlyaev A. Proceedings of the Fourth IIASA Task Force Meeting on Input-Output Modeling. Laxenburg：International Institute for Applied System Analysis.

Oksanen E H，Williams J R. 1992. An alternative factor-analytic approach to aggregation of input-output tables. Economic Systems Research，4：245-256.

Oosterhaven J，Stelder D，Inomata S. 2007. Evaluation of non-survey international IO construction methods with the Asian-Pacific input-output table. The 20th Pacific Regional Science Conference，Vancouver，May.

Polenske K R. 1997. Current uses of the RAS technique：a critical review. *In*：Simonovits A，Steenge A E. Prices Growth and Cycles. London：Macmillan.

Robinson S，Cattaneo A，El-Said M. 2001. Updating and estimating a social accounting matrix using cross entropy methods. Economic Systems Research，13：47-64.

Rousseeuw P J，Zomeren B C V. 1990. Unmasking multivariate outliers and leverage points. Journal of the American Statistical Association，85(411)：633-639.

Sawyer C，Miller R E. 1983. Experiments in regionalization of a national input-output table. Environment and Planning，15(11)：1501-1520.

Stone J R N，Brown J A C. 1962. A long-term growth model for the British economy. *In*：Geary R C. Europe's Future in Figures. Amsterdam：North Holland.

Thakur S K. 2004. Structure and structural changes in India：a fundamental economic structure approach. PhD. Dissertation，The Ohio State University.

Tiebout C M. 1980. An empirical regional input-output projection model：the state of Washington. Review of Economics and Statistics，51(3)：34-40.

Westhuizen V D. 1992. Towards developing a hybrid method for input-output table compilation and identifying a fundamental economic structure. PhD. Dissertation，University of Pennsylvania.

第 *4* 章

基于投入产出表的区域经济结构差异研究

经济结构是指国民经济各个组成部分的地位、作用，它反映了整个国民经济各产业构成及各产业之间相互联系、相互依赖和相互制约的关系。经济结构通常包括产业结构、分配结构、需求结构、进出口结构和所有制结构等。经济发展，一方面是经济总量如 GDP 的不断增长，另一方面是与之伴随的经济结构的不断演进。经济结构的变动分析对研究经济增长和可持续发展具有重要意义。而投入产出分析作为研究整个国民经济各产业及各产业之间相互联系、相互依赖和相互制约的关系的重要模型，在研究经济结构的变动上具有一定优势。

为便于分析，本章按照国家统计局进行数据调查分析时的经济区域（港澳台除外）划分方式，将所有省（自治区、直辖市）划分为三大经济地区，即东部、中部和西部地区①。东部地区包括北京、天津、河北、辽宁、上海、江苏、浙江、福建、山东、广东和海南这 11 个省级行政区；中部地区有 8 个省级行政区，分别是山西、吉林、黑龙江、安徽、江西、河南、湖北、湖南；西部地区包括的省级行政区共 12 个，分别是四川、重庆、贵州、云南、西藏、陕西、甘肃、青海、宁夏、新疆、广西、内蒙古。其中，东部地区由于开发历史悠久，地理位置优越，劳动者的文化素质较高，技术力量较强，工业基础雄厚，在整个经济发展中发挥着龙头作用。中部地区能源和各种金属、非金属矿产资源丰富，重工业基础较好。西部地区因开发历史较晚，经济发展和技术管理水平与东、中部地区差距较大。

将我国划分为东、中、西部后，本章将利用 1997 年、2002 年的东、中、西

---

① 我国经济区域的划分有多种方式。本书采用了国家统计局的划分方式，仅将我国（港澳台除外）分为东部、中部、西部三大区域。详见：国家统计局. 我国东、中、西部地区是怎样划分的？摘自http://www.stats.gov.cn/tjzs/t20030812_402369584.htm。

部 IO 表①，定量分析各地区生产结构、需求结构的差异，包括各部门经济规模（具体为最终消费、增加值和总产出）及其在国民经济中的比重的差异，以直观分析区域间经济结构差异。

4.1　产业结构的差异及其变化趋势

产业结构是指各产业的构成及各产业之间的联系和比例关系。在经济发展过程中，由于分工越来越细，生产部门也就越来越多。这些不同的生产部门，由于受到各种因素的影响和制约，会在增长速度、就业人数、占经济总量的比重、对经济增长的推动作用等方面表现出很大差异。因此，在一个经济实体当中，在每个具体的经济发展阶段、发展时点上，组成国民经济的产业部门是大不一样的，各产业部门的构成及相互之间的联系、比例关系不尽相同，对经济增长的贡献大小也不同。

对于处于不同发展阶段的地区而言，在同一时点上，产业结构也存在很大差异。因此，本节主要采用各部门产出占总产出的比重和增加值占 GDP 比重这两个指标来定义和研究区域间产业结构的差异及其变动情况。

4.1.1　产业结构变化趋势

一般而言，三次产业之间的结构变化趋势存在以下几方面规律（库兹涅兹，1985）。

第一，第一产业的增加值和就业人数在 GDP 和全部劳动力中的比重，在大多数国家呈不断下降的趋势。

第二，第二产业的增加值和就业人数占 GDP 和全部劳动力的比重，在 20 世纪 60 年代以前多是上升的。但进入 60 年代以后，美、英等发达国家工业部门增加值和就业人数在 GDP 和全部劳动力中的比重开始下降，其中传统工业的下降趋势更为明显。

第三，第三产业的增加值和就业人数占 GDP 和全部劳动力的比重在各国都呈上升趋势。20 世纪 60 年代以后，发达国家的第三产业发展更为迅速，所占比重都超过 60%。

从三次产业比重的变化趋势中可以看出，世界各国在工业化阶段，工业一直

---

① 本书中东、中、西部 IO 表为将相应省（自治区、直辖市）IO 表加总得到。需要指出的是，由于 IO 表的编制中涉及多次数据推算及平衡修订，将我国 31 个省（自治区、直辖市）（港澳台除外）的 IO 表加总，并不与相应年份的我国 IO 表完全一致，但由于它们遵循了同样的数据处理流程和原则，二者不会出现显著差异。本书认为，以加总方式所得到的东、中、西部 IO 表基本刻画了相应区域的经济结构。

是国民经济发展的主导部门。而在完成工业化之后，发达国家在逐步向"后工业化"阶段过渡，高技术产业和服务业日益成为国民经济发展的主导部门。

以美国、日本、中国香港在人均 GDP 1 000 美元至 3 000 美元的产业结构变化为例，它们的产业结构变化明显呈现出以下特点：第一产业持续下降，第二产业稳中有升，第三产业比重持续上升，而且第三产业的比重均超过 50%，居三次产业之首。

4.1.2 1997～2002 年产业结构差异及变化趋势

利用 1997 年、2002 年 IO 表的相关数据，可以详细地计算出三大经济区域相应部门的产出和增加值分别占总产出和 GDP 的变化情况，以对 1997～2002 年产业结构差异及其变化有更为深入的了解。

表 4.1 给出了东、中、西部地区 1997 年增加值占 GDP 的比例和产出占总产出的比例。从数值上看，增加值与产出的比重还是存在一定差异的。整体说来，农业和第三产业增加值占 GDP 的比重明显高于其产出占总产出的比重，工业和建筑业则相反。这说明，我国的农业和第三产业目前的单位产出增加值率普遍高于工业部门。对此，下文中将有进一步的数据说明。而从东、中、西部的对比来看，两类指标的差异则是完全类似的。这说明在目前的情况下，用两类指标对产业结构的变化趋势进行刻画时，不会出现结果上的巨大差异。具体到结构差异上，经济最发达的东部地区具有最低的农业比重和最高的工业比重，相应地，最落后的西部地区有最高的农业比重和最低的工业比重，中部地区居中。但就第三产业的比重来看，用增加值占 GDP 比重或产出占总产出比重进行对比时，结果略有不同。与东、西部相比，中部地区均有最低的第三产业比例。但以增加值占 GDP 比重为基准时，东部有最高的第三产业比例；以产出占总产出比重为基准，西部地区有最高的第三产业比例。这说明西部地区第三产业单位总产出所能创造的增加值要远低于东部地区。对此，下文也将有进一步的数据说明。

表 4.1 1997 年增加值和产出的比重情况（单位：%）

产业	增加值占 GDP 比重			产出占总产出比重		
	东部	中部	西部	东部	中部	西部
农业	13.60	23.76	26.17	7.97	15.25	17.24
工业	44.11	41.75	35.34	60.31	55.75	47.81
建筑业	6.00	5.28	6.04	7.08	6.95	8.59
第三产业	36.28	29.21	32.45	24.64	22.06	26.36

资料来源：据东、中、西部 IO 表计算①得到

---

① 东、中、西部 IO 表是将该区域所属省（自治区、直辖市）IO 表相应加总得到。1997 年部分地区数据缺失（详见第 2 章），但由于缺失样本量经济规模不大，本书认为这不影响整体的结构性比较。

表 4.2 给出了 2002 年各地区/产业的增加值和产出比重。与 1997 年类似，农业和第三产业增加值占 GDP 的比重仍然高于其产出占总产出的比重，工业和建筑业则相反。这说明，在 2002 年，我国的农业和第三产业单位产出增加值率仍要普遍高于工业部门。东、中、西部的对比也呈现出同样规律：东部地区有最低的农业和最高的工业比重，西部地区有最高的农业比重和最低的工业比重，中部地区居中；而第三产业比重对比也同样表明，西部地区第三产业增加值率要远低于东部地区水平。

表 4.2　2002 年增加值和产出的比重情况（单位：%）

产业	增加值占 GDP 比重			产出占总产出比重		
	东部	中部	西部	东部	中部	西部
农业	9.96	20.16	19.88	6.13	13.40	13.39
工业	42.71	37.04	31.76	58.97	51.23	41.69
建筑业	5.69	6.89	9.15	7.37	8.86	13.32
第三产业	41.66	35.96	39.20	27.52	26.39	31.61

资料来源：据东、中、西部 IO 表计算①得到

进一步对比表 4.1 和表 4.2，可以发现农业和工业的比重有所下降，而建筑业和第三产业的比重则相应地有所上升。其中，西部地区的比重变化最为剧烈，以增加值占 GDP 的比重为例，农业比重下降约 6 百分点，第三产业比重上升了约 6 百分点。

4.1.3　工业内部子部门结构差异及变化趋势

表 4.3 给出了 1997 年东、中、西部工业内部各部门的产出和增加值占总产出和 GDP 的比重，并给出了相应各部门增加值占其总产出的比重。

表 4.3　1997 年工业子部门产业结构（单位：%）

部门	东部			中部			西部		
	单位产出增加值率	增加值占 GDP 比重	产出占总产出比重	单位产出增加值率	增加值占 GDP 比重	产出占总产出比重	单位产出增加值率	增加值占 GDP 比重	产出占总产出比重
煤炭采选业	37.33	0.81	0.71	47.73	3.04	2.49	47.26	1.70	1.51
石油和天然气开采业	59.55	1.03	0.57	74.13	2.48	1.31	58.83	0.72	0.51
金属矿采选业	32.12	0.53	0.54	38.55	0.86	0.88	32.99	0.87	1.10
非金属矿采选业	40.78	0.93	0.75	39.95	1.86	1.82	41.50	1.19	1.21
食品制造及烟草加工业	22.34	3.97	5.83	23.47	5.62	9.35	33.70	7.51	9.36

---

① 东、中、西部 IO 表是将该区域所属省（自治区、直辖市）IO 表相应加总得到。2002 年部分地区数据缺失（详见第 2 章），但由于缺失样本量经济规模不大，本书认为这样不影响整体的结构性比较。

部门	东部			中部			西部		
	单位产出增加值率	增加值占GDP比重	产出占总产出比重	单位产出增加值率	增加值占GDP比重	产出占总产出比重	单位产出增加值率	增加值占GDP比重	产出占总产出比重
纺织业	21.11	2.91	4.53	22.66	1.63	2.81	22.18	0.77	1.45
服装皮革羽绒及其他纤维制造业	19.91	2.55	4.21	22.16	0.89	1.56	28.27	0.58	0.87
木材加工及家具制造业	20.14	0.74	1.21	34.30	1.50	1.70	29.59	0.75	1.06
造纸印刷及文教用品制造业	24.78	2.09	2.77	30.28	1.47	1.89	27.23	1.04	1.60
石油加工及炼焦业	22.49	1.03	1.50	27.30	1.03	1.47	21.59	0.53	1.04
化学工业	24.85	6.16	8.14	25.90	3.97	5.99	27.12	3.53	5.47
非金属矿物制品业	26.78	3.18	3.90	27.56	4.23	5.99	32.30	3.02	3.93
金属冶炼及压延加工业	18.49	2.24	3.99	22.70	2.27	3.90	22.81	2.49	4.59
金属制品业	19.11	1.74	2.99	23.69	1.09	1.80	31.44	0.95	1.27
机械工业	24.51	3.30	4.42	28.06	2.39	3.33	28.12	1.69	2.52
交通运输设备制造业	20.45	1.54	2.47	24.67	1.65	2.62	23.25	1.80	3.25
电气机械及器材制造业	20.99	2.09	3.27	22.86	0.70	1.20	23.12	0.72	1.31
电子及通信设备制造业	17.48	1.74	3.27	24.48	0.30	0.48	27.47	1.05	1.60
仪器仪表及文化办公用机械制造业	21.53	0.40	0.61	27.93	0.17	0.24	32.16	0.19	0.25
机械设备修理业	26.56	0.33	0.41	26.90	0.31	0.46	38.57	0.38	0.42
其他制造业	30.10	1.48	1.62	29.01	1.28	1.72	37.34	0.84	0.95
废品及废料	98.14	0.57	0.19	73.81	0.35	0.18	93.18	0.30	0.13
电力生产和供应业	38.92	2.45	2.07	41.13	2.43	2.31	48.10	2.49	2.18
煤气生产和供应业	4.51	0.01	0.09	17.27	0.03	0.07	34.52	0.05	0.06
自来水的生产和供应业	40.45	0.28	0.23	42.04	0.22	0.20	47.39	0.20	0.18

资料来源：据东、中、西部 IO 表计算①得到

---

①　东、中、西部 IO 表是将该区域所属省(自治区、直辖市)IO 表相应加总得到。1997 年部分地区数据缺失(详见第 2 章)，但由于缺失样本量经济规模不大，本书认为这不影响整体的结构性比较。

从表 4.3 可以看出，在 1997 年，工业一半以上部门单位产出的增加值率均有东部 < 中部 < 西部。这是由于 1997 年，我国工业基础还并不成熟，与发达地区相比，落后地区的工业仍停留在劳动密集阶段，所需要的技术装备及物料投入少，因此单位总产出增加值比率反而更高。但石油和天然气开采业、金属矿采选业、石油加工及炼焦业这几个典型重工业部门情况稍有例外，除东部增加值率仍维持在较低水平外，其他两个地区为西部 < 中部。这说明中部地区的重工业由于有较好的发展基础，与西部地区相比，有低投入、高产出的特点。而从部门增加值占 GDP 的比重和部门产出占总产出的比重来看，东部地区具有比较优势（比重相对较高）的工业部门集中在电气机械及器材制造业、服装皮革羽绒及其他纤维制造业、机械工业等高级制造业；西部地区比重较高的工业部门集中在食品制造及烟草加工业、非金属矿物制品业、金属冶炼及压延加工业、电力生产和供应业、化学工业等初级制造业部门；中部地区比重较大的产业则为该地区的传统优势产业，包括食品制造及烟草加工业、机械工业、煤炭采选业、非金属矿物制品业、金属冶炼及压延加工业等。

表 4.4 对 2002 年工业内部子部门结构情况进行了描述。与 1997 年相比，2002 年 IO 表中工业的子部门从 25 个下降至 24 个，将机械设备修理业并入了相应服务部门，其他子部门划分均一致。

表 4.4　2002 年工业各部门的产业结构（单位：%）

部门	东部			中部			西部		
	单位产出增加值率	增加值占GDP比重	产出占总产出比重	单位产出增加值率	增加值占GDP比重	产出占总产出比重	单位产出增加值率	增加值占GDP比重	产出占总产出比重
煤炭开采和洗选业	33.81	0.48	0.48	53.34	2.21	1.65	46.79	1.35	1.21
石油和天然气开采业	67.41	1.42	0.72	57.55	0.57	0.39	62.29	1.96	1.32
金属矿采选业	29.10	0.35	0.41	43.37	1.12	1.03	39.53	0.61	0.64
非金属矿采选业	35.76	0.27	0.26	36.45	0.78	0.85	37.52	0.64	0.71
食品制造及烟草加工业	27.38	4.49	5.61	23.30	5.26	8.97	33.01	5.52	7.00
纺织业	21.15	2.56	4.14	21.65	0.98	1.79	27.39	0.59	0.91
服装皮革羽绒及其制品业	25.07	2.43	3.31	27.94	1.29	1.83	23.71	0.24	0.43
木材加工及家具制造业	27.46	0.88	1.10	26.90	1.30	1.92	26.28	0.40	0.64
造纸印刷及文教用品制造业	25.02	1.87	2.56	26.99	1.21	1.78	27.48	0.92	1.40

续表

部门	东部			中部			西部		
	单位产出增加值率	增加值占GDP比重	产出占总产出比重	单位产出增加值率	增加值占GDP比重	产出占总产出比重	单位产出增加值率	增加值占GDP比重	产出占总产出比重
石油加工炼焦及核燃料加工业	15.18	0.71	1.59	21.53	0.68	1.25	16.26	0.55	1.41
化学工业	24.70	5.94	8.21	26.70	3.49	5.20	26.62	3.08	4.84
非金属矿物制品业	27.03	2.03	2.56	29.97	4.60	6.09	30.10	2.31	3.21
金属冶炼及压延加工业	18.62	1.91	3.50	23.37	2.35	3.99	24.69	2.69	4.56
金属制品业	22.14	1.50	2.31	26.77	0.97	1.44	27.36	0.63	0.97
通用专用设备制造业	25.55	3.25	4.35	32.35	3.21	3.94	26.34	1.48	2.35
交通运输设备制造业	22.90	2.02	3.01	23.68	1.21	2.02	27.27	2.29	3.51
电气机械及器材制造业	18.70	2.01	3.68	25.35	0.92	1.44	22.13	0.52	0.99
通信设备计算机及其他电子设备制造业	19.41	3.56	6.26	23.70	0.41	0.69	24.90	0.72	1.20
仪器仪表及文化办公用机械制造业	21.72	0.56	0.88	2.37	0.15	0.18	30.25	0.19	0.27
其他制造业	23.51	0.62	0.91	27.88	1.23	1.76	29.43	0.24	0.35
废品废料	100.00	0.68	0.23	100.00	0.20	0.08	95.49	0.16	0.07
电力热力的生产和供应业	37.77	2.80	2.53	37.89	2.57	2.70	46.91	3.67	3.27
燃气生产和供应业	21.07	0.08	0.14	42.80	0.07	0.07	35.82	0.14	0.17
水的生产和供应业	44.27	0.30	0.23	54.33	0.25	0.19	51.20	0.31	0.25

资料来源：据东、中、西部 IO 表计算①得到

对比表 4.4 与表 4.3 可以进一步发现，1997～2002 年，各区域工业大部分部门增加值率有所提高，如东部的服装皮革羽绒及其制品业、木材加工及家具制造业、食品制造及烟草加工业；西部的金属矿采选业、纺织业；中部的煤炭采选

---

① 东、中、西部 IO 表是将该区域所属省(自治区、直辖市)IO 表相应加总得到。2002 年部分地区数据缺失(详见第 2 章)，但由于缺失样本量经济规模不大，本书认为这不影响整体的结构性比较。

业、金属矿采选业、燃气生产和供应业等，其比率的增长幅度均接近于 5 百分点或在 5 百分点之上。统观增加值率提高的部门，大多是初级制造业，这说明我国的这些初级制造业部门由于起步较早，发展已经较为成熟，因此随着技术的进步，内部消耗明显减少，增加值的比重明显提高。但相应的部分工业部门，如东部的石油加工炼焦及核燃料加工业、电气机械及器材制造业、金属矿采选业、非金属矿采选业，中部的非金属矿物制品业，西部的纺织业等，也出现了一定程度的增加值率下降。虽然导致这些部门增加值率下降的原因仍然是技术进步，但作用机理是完全不同的。由于这些部门之前的工业化程度不够高，因此随着全球化的加速和先进技术的国际转移，所需要的技术装备投入反而加大了。但必须指出的是，这种增加值比率的下降是技术进步过程中必须要经过的一个阶段，增加值比率随着工业化程度的变化会呈现一种"先下降后上升"的 U 形变化趋势。结合之前工业化进程的三个阶段分析，可以得出的结论是，整体来说，我国各区域工业各部门目前在 U 形上的位置还各不相同，处于不同的发展阶段中。

　　如前所述，部门增加值占 GDP 的比重和部门产出占总产出的比重这两种对于产业结构的刻画方式，虽然在绝对值上有所差异，但从观察产业结构变化趋势的角度而言，不会出现显著差异。对于工业内部子部门的分析也验证了这一点。24 个工业部门中，除东部的木材加工及家具制造业、化学工业、电气机械及器材制造业、石油加工炼焦及核燃料加工业，中部的木材加工及家具制造业、水的生产和供应业，西部的金属冶炼及压延加工业而外，所有部门的这两个指标变化趋势是完全相同的。而这些部门出现异常的原因是由于其部门增加值占本部门产出的比率变化幅度较大引起的。对各区域的多数部门，由于两类指标结果类似，因此本章仅以部门产出占总产出比例这一指标对该部门在经济中的重要程度进行具体分析。

　　对东部地区而言，1997～2002 年，24 个工业部门中，部门产出占总产出比例提高的有 11 个，除电子及通信设备制造业（2002 年更名为通信设备计算机及其他电子设备制造业）的变化幅度为 2.99 百分点以外，其余 11 个部门的变化幅度均在 0.6 百分点以下；相应地，产出占总产出比例下降的有 11 个部门，幅度最大的为非金属矿物制品业，下降了 1.34 百分点，其他部门下降幅度均在 1 百分点以下。这说明，在东部地区，除电子及通信设备制造业等少数新型工业还处于迅速发展的阶段，对国民经济 GDP 的作用在不断增强而外，大部分工业部门对于国民经济 GDP 的作用有一定的下降，这也是符合发达地区产业发展规律的。

　　对中部地区而言，24 个部门中，也有 11 个部门产出占总产出比例提高，但部门与东部地区有明显差异，如机械工业（2002 年更名为通用专用设备制造业）、服装皮革羽绒及其他纤维制造业、木材加工及家具制造业、非金属矿物制品业和金属矿采选业，均属于比重增加的类型，而这些部门在东部均属于比重下降型。相应地，产出占总产出比例下降的有 11 个部门，幅度最大的是纺织业，下降了

1.02 百分点,其他部门变动幅度均不大。这说明与东部相比,中部的经济中,重工业和有传统优势的部分轻工业如服装皮革羽绒及其他纤维制造业、木材加工及家具制造业仍然是经济增长的主要推动力。

而对西部地区而言,24 个工业部门中,仅有 7 个部门产出占总产出比例提高,且变化幅度最大的是电力生产和供应业(2007 年更名为电力热力的生产和供应业),提高了 1.09 百分点。其他 15 个部门的产出占总产出比例均有所下降,下降幅度最大的是食品制造及烟草加工业。这说明西部地区工业整体比重有所下降。

总的说来,除电子及通信设备制造业等少数新型工业还处于迅速发展的阶段,对 GDP 的作用在不断增强而外,我国各区域大部分工业部门对 GDP 的作用有一定的下降,这也是符合产业结构发展规律的。

4.1.4 第三产业内部子部门结构差异分析

2005 年,我国发布了第一次全国经济普查的基本情况以及依据普查数据测算的 2004 年 GDP 和对历史数据的修正情况。根据经济普查的结果,我国 2004 年 GDP 现价总量为 159 878 亿元,比年度快报核算数多出 2.3 万亿元,增加 16.8%。在 GDP 总量多出的 2.3 万亿元中,第三产业增加值为 2.13 万亿元,占 93%(何艳,2006)。这主要是由于我国常规统计中第三产业的统计存在以下问题:第一,20 世纪 80 年代以前,我国国民经济核算体系长期采用计划经济体制下的物质产品平衡表体系,服务业统计非常薄弱。90 年代以来,虽然服务业统计得到了加强,但基础统计工作没有完全跟上。第二,从事第三产业领域的单位量大面广,财务制度不健全,统计手段相对落后。第三,我国经济成分日益多元化,私营、个体服务业发展迅速,但非常分散、变动频繁,加大了组织统计调查的难度。例如,在个体、私营经济成分占较大比重的交通运输仓储邮电通信业、批发零售贸易餐饮业、房地产业三个行业中,普查后的增加值比常规统计多出近 1.5 万亿元,占第三产业新增部分的 70%。第四,新兴服务业,如软件业、娱乐业、家政服务业等发展很快,但由于资料不全,常规统计难以准确核算。第五,工业、建筑业企业办的一些附属服务业,有的被混统在第二产业中,更多的被遗漏。通过经济普查,补上了第三产业漏统的部分,从而产生了巨大的数据修正。

由于 2002 年地区 IO 表的公布在经济普查之后,部分第三产业数据调整较大的省根据普查数据对 2002 年 IO 表中的第三产业数据进行了修正[①]。因此,2002 年 IO 表中的第三产业的分类、数据均与 1997 年表可比性较差。此处仅基于 2002 年 IO 表,对各区域第三产业的内部子部门结构差异进行研究。

表 4.5 给出了 2002 年东、中、西部第三产业内部各子部门的产出和增加值

---

① 参见《地区投入产出表编制讨论》内部资料,第 7 届全国投入产出会议,南京,2007 年 8 月。

占总产出和 GDP 的比重,并给出了相应各子部门增加值率数据。就增加值率来看,各区域差异并不明显,仅在交通运输及仓储业、金融保险业这几个部门,东部增加值率明显低于其他两个区域。这是由于之前我国第三产业大多为劳动密集型,随着全球化的加速和先进技术的国际转移,东部部分第三产业率先出现了技术装备投入增大的情况,因此这些部门增加值率会显著低于其他两个区域。

表 4.5　2002 年第三产业子部门产业结构(单位:%)

部门	东部			中部			西部		
	单位产出增加值率	增加值占GDP比重	产出占总产出比重	单位产出增加值率	增加值占GDP比重	产出占总产出比重	单位产出增加值率	增加值占GDP比重	产出占总产出比重
交通运输及仓储业	45.66	5.32	3.98	49.75	5.78	4.61	50.12	6.08	5.08
邮政业	55.96	0.26	0.16	54.84	0.23	0.17	51.88	0.20	0.16
信息传输、计算机服务和软件业	54.40	2.90	1.82	57.94	2.10	1.44	47.45	1.97	1.74
批发和零售贸易业	53.18	8.56	5.50	49.38	7.19	5.78	48.50	6.77	5.85
住宿和餐饮业	40.04	2.45	2.09	42.29	2.45	2.30	40.42	2.67	2.77
金融保险业	55.40	4.46	2.75	65.57	2.65	1.60	60.05	3.38	2.36
房地产业	65.67	4.33	2.25	86.28	2.99	1.38	53.80	2.47	1.93
租赁业和商务服务业	54.07	2.61	1.65	49.57	0.85	0.68	57.42	1.49	1.09
旅游业	26.04	0.14	0.18	40.64	0.05	0.05	26.71	0.18	0.29
科学研究事业	52.67	0.49	0.32	52.65	0.12	0.09	57.85	0.43	0.31
综合技术服务业	45.91	1.04	0.77	50.96	0.78	0.61	53.06	0.73	0.58
其他社会服务业	52.66	1.31	0.85	49.82	1.27	1.01	55.52	1.78	1.34
教育事业	64.25	2.43	1.29	64.66	2.73	1.68	60.29	3.72	2.59
卫生、社会保障和社会福利业	42.38	1.26	1.02	35.47	1.65	1.85	44.31	1.70	1.61
文化、体育和娱乐业	52.41	1.29	0.84	52.74	0.76	0.58	45.80	0.61	0.56
公共管理和社会组织	47.10	2.81	2.04	67.34	4.34	2.56	53.68	4.30	3.35

资料来源:据东、中、西部 IO 表计算①得到

　　而从增加值占 GDP 比重来看,东部地区比重最高的前三个部门分别是批发和零售贸易业、交通运输及仓储业和金融保险业,所占比重均在 4% 以上,中部

---

　　①　东、中、西部 IO 表是将该区域所属省(自治区、直辖市)IO 表相应加总得到。2002 年部门地区数据缺失(详见第 2 章),但由于缺失样本量经济规模不大,本书认为这不影响整体的结构性比较。

地区和东部地区比重最高的前三个部门则略有不同，依次为：批发和零售贸易业、交通运输及仓储业、公共管理和社会组织。相应地，三个区域比重最低的子部门均为旅游业、邮政业和科学研究事业，且比重均在 0.5％以下。这说明从子部门占国民经济的重要性来看，各区域间差异并不明显。但整体看来，东部地区第三产业各子部门增加值占 GDP 的比重要明显高于其他两个地区，综合前面的分析，可以认为不论从技术水平还是对国民经济的重要性来看，东部地区第三产业均要显著高于其他两个地区。

4.2 需求结构的差异及其变化趋势

如果说产业结构是从生产法的角度研究经济结构的变动问题，那么需求结构就是从支出法的角度研究经济结构的变动问题。本章利用 1997～2002 年各区域 IO 表，分别研究各区域投资、消费、出口"三驾马车"对于 GDP 的贡献，且考虑到近年来城乡发展差距不断扩大，对城乡居民的消费结构也进行了细致的研究。

4.2.1 1997～2002 年需求结构差异及变动趋势分析

在需求拉动的"三驾马车"中，我国目前的现状表现为投资和出口是拉动经济增长的主要力量。以 2004 年经济普查调整后的数据为例，投资、消费、净出口对 GDP 的贡献分别是 58.1％、37.8％、6.3％。具体至进出口，可以发现，2005 年外贸依存度已经达到了 70％。而按照一般发展规律而言，"三驾马车"中应是消费占 GDP 的比重最大，世界平均水平约为 70％。

表 4.6 给出了据各区域 IO 表计算得到的，1997 年三次产业各项最终需求对于 GDP 的贡献。

表 4.6 1997 年各区域需求结构情况（单位：％）

地区	产业	最终消费	资本形成总额	净出口
东部	农业	73.21	15.83	10.96
	工业	44.35	48.40	7.25
	第三产业	90.26	12.36	−2.62
	合计	50.24	44.99	4.77
中部	农业	51.85	21.55	26.60
	工业	62.70	39.46	−2.16
	第三产业	101.75	6.59	−8.34
	合计	58.79	39.16	2.05

续表

地区	产业	最终消费	资本形成总额	净出口
西部	农业	69.51	16.60	13.89
	工业	72.36	44.00	−16.36
	第三产业	95.39	11.72	−7.11
	合计	64.16	39.48	−3.64

资料来源：据东、中、西部 IO 表计算①得到

　　从表 4.6 中可以看出，消费虽然仍是我国各区域 GDP 的主体，但所占比例仅在 50%～65%，远低于世界平均水平；相应资本形成总额对 GDP 的贡献则在 30%～45%。

　　具体到各产业部门，可以发现，1997 年就农业而言，各区域净出口对 GDP 的贡献均为正，其贡献率在 10%～27%，东部最低，中部最高；最终消费对 GDP 的贡献在 50%～75%，中部最低，东部最高，相应投资贡献率则在 15%～22%。这与中部地区是我国农业发达地区的现状相符。而从工业来看，仅东部净出口对 GDP 的贡献率为正，为 7% 左右，中部和西部净出口对工业 GDP 的贡献率为负，西部地区甚至达到 −16% 左右。相应地，东部地区也有较高的投资贡献率，其比率为 45%，而中部、西部的这一比率分别仅在 39% 左右，最终消费的贡献率因而在 50%～65%，东部最低，西部最高。

　　表 4.7 给出了 2002 年三次产业各项最终需求对于 GDP 的贡献。对比 1997 年数据可以发现，2002 年各区域工业和第三产业最终消费对于 GDP 的贡献率略有下降，但降幅不明显；东部和中部农业的最终消费对于 GDP 的贡献率有一定幅度上涨。这说明我国目前的经济增长重心还集中在投资和出口上。但不管是以投资为主导的经济增长还是以出口为主导的经济增长，都会给我国的经济安全带来隐患。投资过热带来的部分行业"产能过剩"问题和频繁出现的"贸易摩擦"，已经验证了这一点。因此，对我国来说，为实现持续稳定快速的增长，将立足点转移到以扩大国内居民消费为主导的需求拉动型上来还是很重要的。

---

　　① 东、中、西部 IO 表是将该区域所属省(自治区、直辖市)IO 表相应加总得到。2002 年部分地区数据缺失(详见第 2 章)，但由于缺失样本量经济规模不大，本书认为这不影响整体的结构性比较。

表 4.7　2002 年各区域需求结构情况

地区	产业	最终消费	资本形成总额	净出口
东部	农业	83.08	24.66	−14.15
	工业	40.44	47.04	−18.72
	第三产业	80.57	8.55	−25.64
	合计	48.81	42.86	15.45
中部	农业	62.34	20.34	17.61
	工业	58.36	40.40	1.23
	第三产业	98.93	3.00	−1.91
	合计	58.81	39.12	1.81
西部	农业	59.11	21.70	19.79
	工业	69.76	45.53	−15.29
	第三产业	95.24	10.71	−4.13
	合计	62.76	45.21	−7.94

资料来源：从东、中、西部 IO 表计算①得到

4.2.2　2002 年消费结构差异分析

表 4.8 给出了 2002 年农村居民和城镇居民各自对各部门产品的消费情况，即通常所说的消费结构。在去掉了煤炭开采和洗选业、石油和天然气采选业、金属采选业、非金属矿采选业、废品废料、公共管理和社会组织这 6 个最终消费几乎为 0 的部门之后，共剩 36 个部门。

表 4.8　2002 年居民消费结构（单位：%）

部门	东部 农村居民	东部 城镇居民	中部 农村居民	中部 城镇居民	西部 农村居民	西部 城镇居民
农业	15.79	11.27	17.34	10.99	34.55	12.01
食品制造及烟草加工业	16.84	17.55	24.08	15.67	15.55	18.52
纺织业	0.99	1.14	1.55	2.35	0.72	1.43
服装皮革羽绒及其制品业	4.44	6.34	5.42	7.13	3.36	6.31
木材加工及家具制造业	1.15	1.18	1.10	1.33	1.10	1.25
造纸印刷及文教用品制造业	1.54	1.95	1.63	1.39	0.37	1.11

---

① 东、中、西部 IO 表是将该区域所属省（自治区、直辖市）IO 表相应加总得到。2002 年部分地区数据缺失（详见第 2 章），但由于缺失样本量经济规模不大，本书认为这不影响整体的结构性比较。

续表

部门	东部		中部		西部	
	农村居民	城镇居民	农村居民	城镇居民	农村居民	城镇居民
石油加工、炼焦及核燃料加工业	0.42	0.41	0.14	0.11	0.14	0.34
化学工业	3.32	4.33	4.04	5.94	2.56	3.51
非金属矿物制品业	2.06	1.04	1.21	0.63	3.12	0.71
金属冶炼及压延加工业	0.06	0.02	0.05	0.00	0.34	0.04
金属制品业	0.39	0.29	0.38	0.47	0.32	0.25
通用、专用设备制造业	0.55	0.18	0.09	0.17	0.24	0.09
交通运输设备制造业	2.17	1.98	1.26	0.77	1.29	0.69
电气机械及器材制造业	1.73	2.09	0.82	2.65	0.49	1.56
通信设备、计算机及其他电子设备制造业	1.71	3.23	1.35	4.50	2.63	3.32
仪器仪表及文化办公用机械制造业	0.31	0.32	0.04	0.10	0.16	0.26
其他制造业	1.94	1.59	2.26	2.08	0.42	0.86
电力、热力的生产和供应业	2.41	2.15	1.45	2.67	1.45	2.27
燃气生产和供应业	0.52	0.74	0.05	0.98	0.06	1.57
水的生产和供应业	0.27	0.44	0.06	0.73	0.10	0.65
建筑业	1.43	0.45	0.81	0.42	0.26	0.08
交通运输及仓储业	2.58	2.96	2.17	2.00	2.91	3.46
邮政业	0.32	0.29	0.12	0.09	0.63	0.06
信息传输、计算机服务和软件业	4.14	4.04	1.60	4.83	0.74	4.18
批发和零售贸易业	4.56	4.34	4.83	4.28	4.69	5.76
住宿和餐饮业	6.24	5.49	5.64	5.83	4.87	6.89
金融保险业	3.24	3.77	0.78	3.52	0.71	2.01
房地产业	7.92	6.74	5.12	4.10	3.56	3.94
租赁业和商务服务业	0.08	0.28	0.21	0.13	0.01	0.10
旅游业	0.70	0.72	0.03	0.58	0.10	0.63
科学研究事业	0.00	0.00	0.00	0.00	0.00	0.00

续表

部门	东部		中部		西部	
	农村居民	城镇居民	农村居民	城镇居民	农村居民	城镇居民
综合技术服务业	0.04	0.00	0.00	0.00	0.03	0.00
其他社会服务业	2.41	2.58	3.48	2.64	1.64	2.25
教育事业	4.39	4.48	5.15	4.92	6.86	5.13
卫生社会保障和社会福利业	1.93	3.71	3.11	4.28	2.23	6.05
文化、体育和娱乐业	0.68	1.73	0.53	1.63	0.50	1.80

资料来源：据东、中、西部 IO 表计算[①]得到

从表 4.8 中可以看出，农村居民与城镇居民的消费结构整体上存在较大差异。农村居民对于食品（如农业）的消费比例要远远高于城镇居民；而相应地，城镇居民在衣着（如服装皮革羽绒及其制品业）、家庭设备用品（如电气机械及器材制造业）、医疗保健（如卫生社会保障和社会福利业）比例要明显高于农村居民。

具体到各区域，则可以发现，各区域间农村居民的消费结构存在很大差异，而城镇居民的消费结构则差异相对较小。仍以农业部门也就是农产品的消费为例，西部农村居民显著高于中部、东部居民的消费比例，依次分别为 34.55%、17.34% 和 15.79%。但城镇居民在这一部门的消费比重则几乎持平，西、中、东部依次为 12.01%、10.99% 和 11.27%。在信息传输、计算机服务和软件业，住宿和餐饮业等第三产业部门，也呈现类似的消费结构对比结果：城镇居民间消费结构差异不大，但农村居民间消费结构差异结构较大，且有东部比重 ＞ 中部比重 ＞ 西部比重。这说明各区域的城镇居民消费结构重心，已经从基本的食品消费转向了以第三产业为主的消费上来；但农村居民的消费结构差异还较大，特别是西部农村居民，食品消费仍在所有消费中占有相当大的比重，这说明西部农村居民的收入整体还较低，消费结构也因此存在较大的提升空间。

参考文献

何艳 .2006-02-09. 正确认识经济普查修正我国经济数据的意义 . 新华网，http://news. xin-huanet. com/banyt/2006-02/09/content_4157711. htm.

库兹涅兹 S.1985.1919-1938 年的国民收入及其构成 . 常勋，等译 . 北京：商务印书馆 .

---

① 东、中、西部 IO 表是将该区域所属省（自治区、直辖市）IO 表相应加总得到。2002 年部分地区数据缺失（详见第 2 章），但由于缺失样本量经济规模不大，本书认为这不影响整体的结构性比较。

第 5 章

基于归因矩阵的区域生产技术差异成因研究

由于 IO 表对国民经济系统中各部门上下游生产和消费无可替代的描述能力，本章拟采用归因矩阵(causative matrix)模型对列昂惕夫逆矩阵表征的各部门生产结构的区域差异的成因进行研究。

5.1　基于时序投入产出表的归因矩阵模型介绍

归因矩阵最初用于研究不同时期经济结构的变动及其原因。通常的矩阵变动分析是以马尔可夫链为工具，但是当整个过程中转移概率发生变化时，通常的马尔可夫预测是不准确的。Lepstein(1968)注意到转移概率变化导致关于品牌选择和消费者转换的马尔可夫模型的非真实性，于是构造了一个归因矩阵变换，$CP_t = P_{t+1}$，其中，P_t 和 P_{t+1} 分别反映 t 和 $t+1$ 时期经济结构状况，C 即为反映两个时期内变化的归因矩阵。将归因矩阵首先应用到投入产出技术领域的是 Jackson 等(1990)，他们应用归因矩阵解释经济结构的变动及原因，之后，Roy 等 (2002)也应用归因矩阵模型研究了印度信息部门的成长问题。

关于归因矩阵中元素，目前有两种解释方式。第一种解释来自于 Rogerson 和 Plane(1984)，他们首先定义了如下反映两个时期矩阵之间变动的归因矩阵中的元。

$$P_{ij}^{t+1} = \sum_k P_{ik}^t C_{kj} \tag{5.1}$$

其中，矩阵 P 的行和是 1。这样，$t+1$ 时期的转移概率 P_{ij}^{t+1} 是 t 时期转移概率的加权线性组合，其中的权就是归因矩阵中的元素。代表元 C_{kj} 反映了对于任何状态 i，状态 k 对状态 j 变动概率的影响。若 C_{kj} 为负，表示状态 k 比状态 j 更有竞争力，因为它导致状态 j 的转移概率减小。相反，如果归因矩阵中的非对角元为正，表示状态 k 相对竞争力减弱，因为它增加了状态 j 的转移概率。

类似地，这个模型也可以表示为

$$P_{ij}^{t+1} = \sum_k C_{ik} P_{kj}^t \tag{5.2}$$

其中，转移概率 P_{ij}^{t+1} 为 t 时期状态 k 与状态 j 之间转移概率的线性组合。元 C_{kj} 反映了对于任意状态 j，状态 k 对转移概率 P_{ij} 变动的影响。若 C_{kj} 为负，表示状态 k 减小状态 i 转移到其他状态的可能性，因为状态 k 更有利于促使状态 j 变动。若 C_{kj} 为正，表示状态 k 增加了状态 i 转移到状态 j 的可能性。

归因矩阵中元素的另一种解释来自于 Plane 和 Rogerson(1986)，对于模型

$$P_{t+1} = P_t C \tag{5.3}$$

有

$$C_{ij} = \sum_k e_{kj} A_{ki} / \mid P_t \mid \tag{5.4}$$

$$C_{ii} = 1 + \sum_k e_{ki} A_{ki} / \mid P_t \mid \tag{5.5}$$

其中，$e_{kj} = P_{kj}^{t+1} - P_{kj}^t$；$A_{ki}$ 为对应的代数余子式；$\mid P_t \mid$ 表示矩阵的行列式。归因矩阵中的元还可以表示为

$$C = P_t^{-1} E + I \tag{5.6}$$

其中，P_t 为对应于 t 时期的矩阵，$E = P_{t+1} - P_t$。

元 $C_{ij}(i \neq j)$ 是状态 k 与状态 j 之间转移概率的加权平均值，其中权等于 $A_{ki} / \mid P_t \mid$，它度量了状态 k 与状态 i 之间的关系。元 C_{ij} 表示相对于其他状态 $k(k \neq j)$，状态 i 对转移到状态 j 的影响。因此，这里状态 i 对变动到状态 j 的影响，既包含直接影响，又包含了间接影响，其中直接影响为 P_{ij}，间接影响为 $P_{kj}(k \neq j)$。

考虑到列昂惕夫逆矩阵比直接消耗系数更能反映该经济系统的特征，李景华（2004）在此基础上，定义了基于列昂惕夫逆矩阵的归因矩阵。

设 P_0 和 P_t 是对应列昂惕夫逆矩阵 $\tilde{B}$ 在基准期和计算期的列标准化矩阵，如果存在矩阵 C，使 $CP_0 = P_t$，则称矩阵 C 为基准期到计算期经济结构变动的归因矩阵。

并且，对基于列昂惕夫逆矩阵的归因矩阵，李景华（2004）还提出并证明了如下三条性质定理。

性质 5.1 基于投入产出技术的归因矩阵是奇异矩阵。

性质 5.2 对于列和对应相等的矩阵 P_t 和 P_0，存在矩阵 C，使 $CP_0 = P_t$，则 $\sum_i C_{ij} = 1$，$j = 1, 2, \cdots, n$。

性质 5.3 对于归因矩阵 C，有

$$C_{ij} = \begin{cases} 1 + \sum_k (P_{ik}^t - P_{ik}^0) A_{ik} / \mid P_0 \mid, & i = j \\ \sum_k (P_{ik}^t - P_{ik}^0) A_{jk} / \mid P_0 \mid, & i \neq j \end{cases}$$

其中，A_{ik}、A_{jk} 为 $\boldsymbol{P}_0$ 伴随矩阵 $\boldsymbol{P}_0^*$ 中的元。

性质 5.2、性质 5.3 有助于对基于时序 IO 表的归因矩阵测算结构进行经济解释。性质 5.2 表明归因矩阵的各列和都是 1。这样，其分量 C_{ik} 就可以解释成 i 部门通过 k 部门对 j 部门贡献的比重。性质 5.3 表明元 C_{ij} 是 i 状态与 j 状态以 $A_{jk} / \mid P_0 \mid$ 为加权因子的加权平均数，它不仅包含了 i 部门对 j 部门的直接影响 $(P_{ij}^t - P_{ij}^0)$，还反映了 i 部门通过其他 k 部门对 $j(j \neq k)$ 部门产出乘数的间接影响 $(P_{ik}^t - P_{ik}^0)(j \neq k)$。

如上所述，基于时序 IO 表的归因矩阵可以在如下方面对经济结构变动做出定量解释。

（1）行和与 1 的大小关系反映了部门在整个经济系统中的结构变动情况，如果第 i 行的行和大于 1，表示在整个经济系统中，通过各部门最终需求，导致 i 部门结构性增长，否则，结构性萎缩。

（2）归因矩阵与单位阵不同的元反映了部门之间投入产出关系的变动。如果在第 i 行中，其对角元大于 1，表示通过该部门的最终需求影响，相对其他部门，使 i 部门结构性增长；如果某非对角元大于 0，则表示对应列部门通过最终需求，刺激拉动 i 部门经济增长。而且，可以由此比较各部门对 i 部门经济增长的贡献大小。

（3）可以用行和、对角元为分类标准，对各部门进行分类研究，判断哪些部门对 i 部门产出有拉动作用，哪些有阻碍作用。

5.2　区域间归因矩阵模型

基于时序 IO 表的归因矩阵模型用于区域经济结构差异的两两比较时，基准区域不同，有可能计算出不同的归因矩阵。即以 $\boldsymbol{P}_1$ 和 $\boldsymbol{P}_2$ 分别表示列昂惕夫逆矩阵 $\tilde{\boldsymbol{B}}$ 在地区 1 和地区 2 的列标准化矩阵，以地区 1 为基准，衡量其与地区 2 经济结构差异的归因矩阵 $\boldsymbol{C}_1$ 应满足 $\boldsymbol{C}_1 \boldsymbol{P}_1 = \boldsymbol{P}_2$。同理，以地区 2 为基准，衡量其与地区 1 经济结构差异的归因矩阵 $\boldsymbol{C}_2$ 应满足 $\boldsymbol{C}_2 \boldsymbol{P}_2 = \boldsymbol{P}_1$。$\boldsymbol{C}_1$ 和 $\boldsymbol{C}_2$ 均满足 5.1 节中李景华（2004）提出的三条性质，但 $\boldsymbol{C}_1$ 和 $\boldsymbol{C}_2$ 之间是否存在对称性，尚未有文献进行讨论，本节将对此进行详细讨论。

定理 5.1 $\boldsymbol{C}_1$ 和 $\boldsymbol{C}_2$ 互为逆矩阵，即有 $\boldsymbol{C}_1 \boldsymbol{C}_2 = \boldsymbol{I}$。

证明：由 $C_1 P_1 = P_2$，得 $C_1 = P_2 P_1^{-1}$。

由 $C_2 P_2 = P_1$，得 $C_2 = P_1 P_2^{-1}$。

从而有 $C_1 C_2 = P_2 P_1^{-1} P_1 P_2^{-1} = P_2 (P_1^{-1} P_1) P_2^{-1} = P_2 \cdot I \cdot P_2^{-1} = P_2 P_2^{-1} = I$

定理 5.2 以对角元和非对角元行和为判别标准时，C_1 和 C_2 不存在对称性。

证明：由 5.1 节可知，当 $C_1 P_1 = P_2$ 时，有

$$C_{ij}^1 = \begin{cases} 1 + \sum\limits_k (P_{ik}^2 - P_{ik}^1) A_{ik}^1 / \mid P_1 \mid, & i = j \\ \sum\limits_k (P_{ik}^2 - P_{ik}^1) A_{jk}^1 / \mid P_1 \mid, & i \neq j \end{cases}, \text{其中，} A_{ik}、A_{jk} \text{为} P^1 \text{伴}$$

随矩阵 P_1^* 中的元。

从而对角元有

$$C_{ii}^1 = 1 + \sum_k (P_{ik}^2 - P_{ik}^1) A_{ik}^1 / \mid P_1 \mid$$

$C_{ij}^1 > 0$ 的充分必要条件为

$$\sum_k (P_{ik}^2 - P_{ik}^1) A_{ik}^1 / \mid P_1 \mid > 0$$

非对角元行和有

$$\sum_j^{i \neq j} C_{ij}^1 = \sum_j^{i \neq j} (P_{ik}^2 - P_{ik}^1) A_{jk}^1 / \mid P_1 \mid$$

非对角元行和 $\sum\limits_j^{i \neq j} C_{ij}^1 > 0$ 的充分必要条件为

$$\sum_j^{i \neq j} (P_{ik}^2 - P_{ik}^1) A_{jk}^1 / \mid P_1 \mid > 0$$

相应地，$C_{ii}^2 < 0$ 的充分必要条件为

$$\sum_k (P_{ik}^1 - P_{ik}^2) A_{ik}^2 / \mid P_2 \mid < 0$$

非对角元行和 $\sum\limits_j^{i \neq j} C_{ij}^2 < 0$ 的充分必要条件为

$$\sum_j^{i \neq j} (P_{ik}^1 - P_{ik}^2) A_{jk}^2 / \mid P_2 \mid < 0$$

A_{ik}^1 和 A_{ik}^2 是不同地区伴随矩阵 P_1^* 和 P_2^* 中的元，其大小不存在一致性，因此 C_1 和 C_2 不存在对称性。但由于原始矩阵 P_1 和 P_2 均是列昂惕夫逆矩阵的列标准化矩阵，其性质趋同性较强，可以证明，在两地区经济结构不存在巨大差异的情况下，按照对角元和非对角元行和作为判别标准时，C_1 和 C_2 一致性较好。

经济含义：当以归因矩阵的对角元和非对角元行和对两区域间经济结构差异进行描述分析时，以不同区域为基准矩阵，会对分析结果造成一定的影响，但影响结果不会十分显著，因此该模型也可用于分析区域间经济结构差异，仅需注意基准区域的选取即可。

5.3　基于归因矩阵的东、中、西部 生产技术差异成因研究

由于 5.2 节已经证明，对区域间进行经济结构差异分析研究时，以哪一区域为基准会对研究结果有一定影响。因此，本章对东、中、西部的生产技术差异对比，均选择了以同一区域——东部为基准，分析中部、西部与其的差距，以期找出发展差异的结构化成因。

5.3.1　1997 年东、中、西部生产技术差异分析

为分析包含完全联系的区域间生产技术差异，需要计算出中、西部地区对东部地区的归因矩阵。首先，计算 1997 年东、中、西部 IO 表的列昂惕夫逆矩阵；其次，将两个逆矩阵列标准化；最后，按定义计算中部和西部相对于东部的归因矩阵及各行和。表 5.1 给出了 1997 年中部 IO 表与东部地区相比的归因矩阵统计结果。

表 5.1　1997 年中、东部归因矩阵统计结果

部门	C_{ii}	$\sum\limits_{j}^{j\neq i} C_{ij}$	$C_{ij}>0$ 元个数	类型
农业	1.041 9	0.089 3	19	1
煤炭采选业	1.233 7	0.209 2	24	1
石油和天然气开采业	1.292 3	−0.280 2	20	2
金属矿采选业	0.993 3	0.014 1	18	3
非金属矿采选业	0.929 0	0.157 4	28	3
食品制造及烟草加工业	0.988 1	−0.050 2	15	4
纺织业	1.002 9	−0.131 2	16	2
服装皮革羽绒及其他纤维制造业	1.020 2	−0.110 2	13	2
木材加工及家具制造业	1.141 3	−0.019 4	25	2
造纸印刷及文教用品制造业	1.115 6	−0.030 3	13	2
石油加工及炼焦业	1.104 1	−0.181 5	20	2
化学工业	0.952 2	−0.296 1	14	4
非金属矿物制品业	1.017 3	0.281 4	29	1
金属冶炼及压延加工业	0.898 5	−0.044 9	20	4

部门	C_{ii}	$\sum_{j}^{j \neq i} C_{ij}$	$C_{ij} > 0$ 元个数	类型
金属制品业	1.111 8	−0.315 3	14	2
机械工业	1.051 5	−0.238 1	17	2
交通运输设备制造业	1.164 3	0.266 7	30	1
电气机械及器材制造业	1.064 0	−0.080 5	16	2
电子及通信设备制造业	0.963 3	−0.414 0	7	4
仪器仪表及文化办公用机械制造业	1.124 0	−0.000 3	15	2
机械设备修理业	1.068 2	−0.032 0	22	2
其他制造业	1.127 3	−0.184 0	13	2
废品及废料	0.656 7	−0.001 6	22	4
电力生产和供应业	1.083 2	−0.092 1	21	2
煤气生产和供应业	1.174 6	−0.016 0	8	2
自来水的生产和供应业	1.036 6	−0.013 1	20	2
建筑业	1.083 2	−0.080 0	8	2
货物运输及仓储业	1.062 6	−0.182 8	12	2
邮电业	0.976 6	0.013 8	20	3
商业	1.067 3	−0.369 0	17	2
饮食业	1.104 6	−0.109 8	13	2
旅客运输业	1.095 9	0.144 1	29	1
金融保险业	0.926 4	0.104 8	21	3
房地产业	1.313 2	−0.100 8	13	2
社会服务业	1.066 5	−0.302 2	8	2
卫生体育和社会福利业	1.059 1	0.032 8	28	1
教育文化艺术及广播电影电视业	1.111 2	−0.047 6	20	2
科学研究事业	1.022 1	−0.009 1	14	2
综合技术服务业	0.972 9	−0.024 8	20	4
行政机关及其他行业	1.292 1	−0.066 0	12	2

　　表 5.1 分别列出了各部门的对角元数值、非对角元行和及该行中归因矩阵元大于 0 的个数。其中，从对角元数值可以分析该部门最终需求的影响；大于 1 表明该部门该地区最终需求相对于基准地区而言，是促进该地区产出的；小于 1 表明该部门该地区最终需求相对于基准地区而言，是没有促进作用的。从非对角元行和数值则可以看出该地区其他部门的最终需求相对于基准地区而言，是否拉动该部门产出，大于 1 表明为正向作用，小于 1 表明为负向作用。归因矩阵元大于

0 的个数则从整体对该地区所有部门相对于基准地区而言，对该部门产出有正向促进作用的部门个数进行统计，部门数量越多，表明该地区越多部门对该部门产出有相对于基准地区的促进作用。

据此，将中部相对于东部列昂惕夫逆矩阵的归因矩阵进行统计，结果如表 5.1 所示。从表 5.1 可以看出，相对于东部而言，中部 40 个部门中，有 30 个部门内部的最终需求对本部门产出有促进作用（即 $C_{ii} > 1$），有 30 个部门（但分布不同）所有其他部门的最终需求对该部门产出有负向作用（即 $\sum\limits_{j}^{j \ne i} C_{ij} < 0$）。这说明相对于东部而言，中部部门之间的联系不够强烈，各部门的产出增长多是由该部门自身的最终需求刺激增长的。归因矩阵元素的统计结果也验证了这一结论：所有 40 个部门中，有 18 个部门所对应的行有超过半数的归因矩阵元素大于 0，即相对于东部而言，中部有近半数以上的部门对该部门的产出有正向促进作用。

最后，对所有部门按对角元与 1 的关系和非对角元行和与 0 的关系分为以下四类。

第一类是对角元大于 1 且非对角元行和大于 0 的部门，它代表与东部地区相比，中部地区本部门以及其他部门的最终需求通过部门之间的消耗关系变化，共同作用促进了该部门的产出增长。属于这一类的部门并不多，有农业、煤炭采选业、非金属矿物制品业、交通运输设备制造业、旅客运输业等均是中部相对于东部，传统意义上的优势部门。

第二类是对角元大于 1 但非对角元行和小于 0 的部门，这类部门代表着与东部相比，中部地区本部门的最终需求拉动了该部门的产出，但其他部门通过部门之间的消耗关系对该部门的产出增长有反作用。这类部门的数目是最多的，包含了制造业和第三产业中的绝大部分部门，如纺织业、机械工业、电气机械及器材制造业、仪器仪表及文化办公用机械制造业、房地产业、社会服务业等。因此可以看出与东部相比，中部地区大部分制造业、第三产业部门仍停留在依靠本部门最终需求拉动的阶段，与东部相比仍有一定差距。

第三类是对角元小于 1 但非对角元行和大于 0 的部门，这类部门的数目并不多，它代表着与东部相比，中部地区其他部门的最终需求拉动了本部门的产出增长，但本部门的最终需求对产出增长有反作用。金属矿采选业、非金属矿采选业、邮电业部门属于此类。这说明与东部相比，中部地区金属矿采选业、非金属矿采选业的需求增长，主要源于其他部门对它的消耗，不是由本部门的最终需求所拉动的。

第四类是对角元小于 1 且非对角元行和小于 0 的部门，这类部门的数目也不多，它代表着与东部相比，中部地区本部门和其他部门的最终需求都不能拉动该部门的产出增长。食品制造及烟草加工业、化学工业、综合技术服务业等均属于此类部门。这说明从本地需求及部门之间的消耗关系来看，与东部相比，中部地区对于这些部门的最终需求并不能更有效地促进该部门的产出增长。

类似地，表 5.2 给出了 1997 年西部地区与东部地区相对比的归因矩阵统计结果。相对于东部而言，西部 40 个部门中，有 34 个部门内部的最终需求对本部门产出有促进作用（即 $C_{ii}>1$），且有 30 个部门所有其他部门的最终需求对该部门产出有负向作用（即 $\sum\limits_{j}^{j\neq i} C_{ij}<0$）。这说明与中部类似，西部部门之间的联系也不够强烈，各部门的产出增长多是由该部门自身的最终需求刺激增长的。对归因矩阵元素的统计结果则表明：40 个部门中仅有 8 个部门所对应的行有超过半数的归因矩阵元素大于 0。这说明与中部相比，西部地区与东部地区部门之间的联系对产出的促进作用更不明显。

表 5.2　1997 年西、东部归因矩阵统计结果

部门	C_{ii}	$\sum\limits_{j}^{j\neq i} C_{ij}$	$C_{ij}>0$ 元个数	类型
农业	1.181 5	0.249 6	23	1
煤炭采选业	1.312 1	−0.480 6	8	2
石油和天然气开采业	1.114 0	−0.146 5	18	2
金属矿采选业	1.222 2	0.047 5	11	1
非金属矿采选业	0.950 4	−0.070 4	11	4
食品制造及烟草加工业	1.125 2	0.133 0	23	1
纺织业	0.978 9	−0.366 7	12	4
服装皮革羽绒及其他纤维制造业	1.146 4	−0.213 7	4	2
木材加工及家具制造业	1.138 1	−0.138 1	11	2
造纸印刷及文教用品制造业	1.205 6	−0.065 6	15	2
石油加工及炼焦业	1.042 3	−0.185 3	19	2
化学工业	0.960 3	−0.674 8	8	4
非金属矿物制品业	1.099 5	−0.222 0	11	2
金属冶炼及压延加工业	0.921 1	−0.285 8	13	4
金属制品业	1.176 6	−0.623 8	4	2
机械工业	1.059 8	−0.519 5	7	2
交通运输设备制造业	1.293 3	0.162 6	18	1
电气机械及器材制造业	1.120 6	−0.183 1	6	2
电子及通信设备制造业	1.119 4	−0.585 0	10	2
仪器仪表及文化办公用机械制造业	1.304 1	−0.061 4	11	2
机械设备修理业	1.233 0	−0.061 1	14	2
其他制造业	1.149 1	−0.255 2	6	2
废品及废料	0.238 5	0.021 5	17	3

续表

部门	C_{ii}	$\sum_{j}^{j\neq i} C_{ij}$	$C_{ij}>0$ 元个数	类型
电力生产和供应业	1.159 8	−0.392 3	9	2
煤气生产和供应业	1.731 6	−0.009 8	12	2
自来水的生产和供应业	1.187 5	−0.027 3	15	2
建筑业	1.142 8	0.029 7	21	1
货物运输及仓储业	1.083 5	−0.104 8	12	2
邮电业	0.949 9	0.030 0	21	3
商业	1.122 9	−0.202 1	19	2
饮食业	1.139 2	−0.070 8	16	2
旅客运输业	1.060 6	0.207 2	31	1
金融保险业	1.021 7	0.332 7	26	1
房地产业	1.301 1	−0.104 1	16	2
社会服务业	1.098 2	−0.115 9	15	2
卫生体育和社会福利业	1.185 5	−0.040 2	12	2
教育文化艺术及广播电影电视业	1.221 6	−0.036 0	22	2
科学研究事业	1.384 8	0.001 7	12	1
综合技术服务业	1.064 2	−0.022 7	22	2
行政机关及其他行业	1.144 6	−0.042 4	19	2

　　类似地，对所有部门按对角元与 1 的关系和非对角元行和与 0 的关系也分为四类。

　　第一类是对角元大于 1 且非对角元行和大于 0 的部门，它代表着本部门以及其他部门的最终需求通过部门之间的消耗关系变化，共同作用促进了该部门的产出增长。西部地区属于这一类的部门个数要多于中部地区，包括农业、金属矿采选业、食品制造及烟草加工业、交通运输设备制造业、建筑业、旅客运输业、金融保险业、科学研究事业。这些部门是以完全消耗关系为准时，西部地区相对于东部地区的优势发展部门。

　　第二类是对角元大于 1 但非对角元行和小于 0 的部门，这类部门代表着本部门的最终需求拉动了该部门的产出，但其他部门通过部门之间的消耗关系对该部门的产出增长有反作用。与中部地区类似，这类部门也是西部地区数量最多的部门。对西部地区而言，这一类部门也包含了制造业和第三产业中的绝大部分部门，如煤炭采选业、石油和天然气开采业、木材加工及家具制造业、造纸印刷及文教用品制造业、石油加工及炼焦业、电气机械及器材制造业、电子及通信设备制造业、商业、饮食业、房地产业等。这说明与东部相比，西部地区大部分制造业、第三产业部门仍停留在依靠本部门最终需求拉动的阶段，即使是初级制造业，与东部相比仍有较大差距。

第三类是对角元小于 1 但非对角元行和大于 0 的部门，这类部门的数目极少，此处仅有邮电业和废品及废料属于这一类。这说明与东部相比，西部地区邮电业的需求增长，主要源于其他部门对它的消耗上，还不是由本部门的最终需求所拉动的。

第四类是对角元小于 1 且非对角元行和也小于 0 的部门，这类部门的数目也不多，非金属矿采选业、纺织业、化学工业、金属冶炼及压延加工业均属于此类部门。这说明从本地需求及部门之间的消耗关系来看，与东部相比，西部地区对于这些部门的最终需求并不能更有效地促进该部门的产出增长。整体看来，中部、西部地区与东部地区的经济差异，主要是针对工业和第三产业大部分部门而言，其他部门通过部门间消耗关系对该部门产出的拉动效应不明显造成的。特别是西部地区，与东部地区相比，即使是对初级制造业如煤炭采选业、石油和天然气开采业等部门而言，国民经济中其他部门对它的消耗对该部门的产出拉动效应也不明显。

5.3.2　2002 年东、中、西部经济结构差异分析

采用同样的计算流程和统计方式，表 5.3 给出了 2002 年中部地区相对于东部地区的经济结构差异分析结果。

表 5.3　2002 年中、东部归因矩阵统计结果

部门	C_{ii}	$\sum\limits_{j}^{j\neq i} C_{ij}$	$C_{ij}>0$ 元个数	类型
农业	1.289 7	0.686 8	20	1
煤炭开采和洗选业	1.478 4	−0.110 9	16	2
石油和天然气开采业	0.746 8	0.333 7	15	3
金属矿采选业	1.247 5	0.078 4	12	1
非金属矿采选业	1.176 1	0.088 5	23	1
食品制造及烟草加工业	1.125 0	0.086 9	17	1
纺织业	0.989 9	−0.331 1	20	4
服装皮革羽绒及其制品业	1.316 2	0.215 3	22	1
木材加工及家具制造业	1.149 4	0.072 9	25	1
造纸印刷及文教用品制造业	1.068 3	−0.135 4	11	2
石油加工炼焦及核燃料加工业	0.986 6	−0.392 8	11	4
化学工业	0.912 0	−1.340 8	9	4
非金属矿物制品业	1.280 0	0.274 5	22	1
金属冶炼及压延加工业	0.947 3	−0.509 7	10	4
金属制品业	1.125 6	−0.339 4	11	2

续表

部门	C_{ii}	$\sum\limits_{j}^{j \neq i} C_{ij}$	$C_{ij} > 0$ 元个数	类型
通用专用设备制造业	1.168 6	−0.332 3	11	2
交通运输设备制造业	1.037 4	−0.169 4	13	2
电气机械及器材制造业	1.061 3	−0.285 7	5	2
通信设备计算机及其他电子设备制造业	0.840 9	−0.907 9	3	4
仪器仪表及文化办公用机械制造业	1.276 3	−0.316 3	5	2
其他制造业	1.203 4	0.268 2	28	1
电力、热力的生产和供应业	1.173 6	−0.184 3	19	2
燃气生产和供应业	1.123 2	−0.050 0	7	2
水的生产和供应业	1.123 3	−0.056 4	6	2
建筑业	1.137 8	−0.085 2	19	2
交通运输及仓储业	1.033 3	−0.090 6	20	2
邮政业	1.039 9	0.017 9	23	1
信息传输计算机服务和软件业	1.216 6	−0.159 1	7	2
批发和零售贸易业	1.036 4	0.377 2	26	1
住宿和餐饮业	1.034 7	0.335 3	24	1
金融保险业	1.089 7	−0.381 7	7	2
房地产业	1.498 5	−0.267 4	12	2
租赁和商务服务业	0.861 6	−0.317 4	5	4
旅游业	0.971 1	−0.013 1	2	4
科学研究事业	1.038 5	−0.135 0	1	2
综合技术服务业	1.174 0	−0.151 0	2	2
其他社会服务业	0.997 8	−0.021 8	17	4
教育事业	1.058 7	−0.000 6	11	2
卫生社会保障和社会福利业	1.056 7	−0.011 6	6	2
文化体育和娱乐业	0.997 6	−0.145 6	5	4
公共管理和社会组织	1.352 1	0.025 8	19	1

从表 5.3 中可以看出，2002 年，相对于东部而言，中部 41 个部门中，有 31 个部门内部最终需求对本部门产出有促进作用（即 $C_{ii} > 1$），但 28 个部门其他部门的最终需求对该部门产出有负向作用（即 $\sum\limits_{j}^{j \neq i} C_{ij} < 0$），这个比例与 1997 年基本一致。这说明与 1997 年相比，就部门之间联系而言，中部、东部差距并没有明显缩小的趋势。但对归因矩阵元素的统计结果则表明：所有 41 个部门中，仅有 8 个部门所对应的行有超过半数的归因矩阵元素大于 0。这说明，与 1997 年相比，相对于东部而言，中部部门之间联系对产出的促进作用有所

减弱。

同样地，对所有部门按对角元与 1 的关系和非对角元行和与 0 的关系分为四类。

第一类是对角元大于 1 且非对角元行和大于 0 的部门。属于这一类的部门数量并不多，且仍然集中于农业、金属矿采选业、非金属矿物制品业、邮政业、批发和零售贸易业、住宿和餐饮业等，基本仍是中部相对于东部，传统意义上的优势部门。但值得一提的是，与 1997 年相比，该类部门增加了第三产业中的邮政业、批发和零售贸易业、住宿和餐饮业。这说明 1997~2002 年，通过其他部门对这些部门的消耗关系增强，这些部门成为了中部经济新的增长点。

第二类是对角元大于 1 但非对角元行和小于 0 的部门。与 1997 年相比，这类部门数量有一定下降，但仍然包含了制造业和第三产业中的绝大部分部门，如金属制品业，通用专用设备制造业，交通运输设备制造业，电气机械及器材制造业，电力、热力的生产和供应业，水的生产和供应业，建筑业，交通运输及仓储业，金融保险业，房地产业等。这说明 1997~2002 年，与东部相比，中部地区大部分制造业、第三产业部门仍停留在依靠本部门最终需求拉动的阶段。

第三类是对角元小于 1 但非对角元行和大于 0 的部门，2002 年的计算结果显示，仅有石油和天然气开采业属于这类部门。1997 年属于这类部门的有金属矿、非金属矿采选业。在 2002 年，这两个部门被判定为第一类部门。这说明在 2002 年，与东部相比，中部地区这两个部门的产出增长是由本部门和其他部门的最终需求共同作用所拉动的。

第四类是对角元小于 1 且非对角元行和也小于 0 的部门，这一类部门的数量并不多，包括纺织业、石油加工炼焦及核燃料加工业、化学工业、金属冶炼及压延加工业、通信设备计算机及其他电子设备制造业、租赁和商务服务业、旅游业等。这说明 1997~2002 年，从本地需求及部门之间的消耗关系来看，与东部相比，中部地区对于这些部门的最终需求依然不能更有效地促进该部门的产出增长。

综上，从部门之间相互消耗的角度来看，1997~2002 年，中部、东部之间经济差异呈缩小趋势，且部分第三产业如邮政业、批发和零售贸易业、住宿和餐饮业，通过其他部门对这些部门的消耗关系增强，正在成为中部经济新的增长点。

类似地，表 5.4 给出了 2002 年西部地区与东部地区相对比的归因矩阵统计结果。

表 5.4　2002 年西、东部归因矩阵统计结果

部门	C_{ii}	$\sum\limits_{j}^{j \neq i} C_{ij}$	$C_{ij} > 0$ 元个数	类型
农业	1.178 9	−0.239 4	11	2
煤炭开采和洗选业	1.279 7	−0.099 0	20	2
石油和天然气开采业	0.843 7	0.194 0	28	3
金属矿采选业	1.141 2	0.113 9	20	1
非金属矿采选业	1.162 1	0.082 9	20	1
食品制造及烟草加工业	1.057 3	−0.431 4	10	2
纺织业	1.002 5	−0.483 2	11	2
服装皮革羽绒及其制品业	1.083 6	−0.126 0	14	2
木材加工及家具制造业	1.034 3	−0.096 3	17	2
造纸印刷及文教用品制造业	1.085 5	−0.158 8	12	2
石油加工炼焦及核燃料加工业	1.030 3	−0.086 6	25	2
化学工业	0.943 6	−1.000 8	14	4
非金属矿物制品业	1.166 2	−0.058 7	23	2
金属冶炼及压延加工业	1.005 3	0.113 9	19	1
金属制品业	1.125 8	−0.270 8	15	2
通用专用设备制造业	1.106 5	−0.307 8	19	2
交通运输设备制造业	1.379 0	−0.005 7	22	2
电气机械及器材制造业	1.086 5	−0.145 0	14	2
通信设备计算机及其他电子设备制造业	0.855 8	−0.589 5	8	4
仪器仪表及文化办公用机械制造业	1.251 3	−0.192 1	9	2
其他制造业	1.086 3	−0.136 1	9	2
电力、热力的生产和供应业	1.171 4	0.037 7	24	1
燃气生产和供应业	1.099 6	−0.005 4	17	2
水的生产和供应业	1.138 9	0.039 4	31	1
建筑业	1.137 3	0.077 4	28	1
交通运输及仓储业	1.005 5	0.393 3	30	1
邮政业	1.006 7	−0.010 0	11	2
信息传输计算机服务和软件业	1.037 3	0.147 5	26	1
批发和零售贸易业	1.012 4	−0.447 5	13	2
住宿和餐饮业	1.092 7	0.071 4	23	1
金融保险业	1.062 9	0.216 0	25	1
房地产业	0.937 8	0.003 6	20	3
租赁和商务服务业	0.923 9	−0.095 7	16	4
旅游业	0.845 9	0.006 9	29	3
科学研究事业	1.201 8	0.137 8	26	1

部门	C_{ii}	$\sum\limits_{j}^{j\neq i}C_{ij}$	$C_{ij}>0$ 元个数	类型
综合技术服务业	1.202 5	−0.083 7	17	2
其他社会服务业	1.131 1	0.129 7	33	1
教育事业	1.045 5	0.088 7	38	1
卫生社会保障和社会福利业	1.141 8	0.013 3	24	1
文化体育和娱乐业	1.032 1	−0.054 0	20	2
公共管理和社会组织	1.159 5	0.018 5	25	1

从表 5.4 中可以看出，2002 年，相对于东部而言，西部 41 个部门中，有 35 个部门内部最终需求对本部门产出有促进作用（即 $C_{ii}>1$），但 23 个部门其他部门的最终需求对该部门产出有负向作用（即 $\sum\limits_{j}^{j\neq i}C_{ij}<0$）。这说明，与 1997 年相比，就部门间联系而言，东、西部差距有缩小的趋势。对归因矩阵元素的统计结果也进一步验证了这一点：所有 41 个部门中，所对应的行有超过半数的归因矩阵元素大于 0 的部门数量从 9 个上升至 17 个。这说明，与 1997 年相比，2002 年西部通过部门间联系对产出的促进作用有明显增强的趋势。

将所有部门按对角元与 1 的关系和非对角元行和与 0 的关系分为四类。

第一类是对角元大于 1 且非对角元行和大于 0 的部门。这一类部门包括部分初级制造业和大部分第三产业，如金属矿采选业、非金属矿采选业、金属冶炼及压延加工业、建筑业、交通运输及仓储业、信息传输计算机服务和软件业、住宿和餐饮业、金融保险业等。与东部地区类似的是，西部地区 2002 年相对于 1997 年新增的这类部门也多属于第三产业。这说明，1997～2002 年，通过其他部门对这些部门的消耗关系，第三产业也在成为西部地区经济新的增长点。

第二类是对角元大于 1 但非对角元行和小于 0 的部门。与 1997 年相比，这类部门数量有一定下降，但仍包括了大部分制造业部门，如木材加工及家具制造业、造纸印刷及文教用品制造业、石油加工炼焦及核燃料加工业、非金属矿物制品业、金属制品业、通用专用设备制造业、交通运输设备制造业、电气机械及器材制造业等。这说明 1997～2002 年，与东部相比，西部地区大部分制造业仍停留在依靠本部门最终需求拉动的阶段，与东部相比仍有一定差距。但从第三产业中该类部门数量的减小可以看出，就部门间相互关联关系而言，西部地区与东部地区第三产业的差距正在减小。

第三类是对角元小于 1 但非对角元行和大于 0 的部门，石油和天然气开采业、房地产业、旅游业均属于该类部门。其中后两个部门均属于 2002 年投入产出部门分类中新增部门。这类部门的产出增长，主要源于其他部门对它的拉动。

因为数量较少且为部门分类变化中新增部门，此处不多作分析。

第四类是对角元小于 1 且非对角元行和小于 0 的部门，这一类部门的数量并不多，包括化学工业、通信设备计算机及其他电子设备制造业、租赁和商务服务业。它代表与东部相比，西部地区本部门和其他部门的最终需求都不能拉动该部门的产出增长。这说明 1997～2002 年，从本地需求及部门之间的消耗关系来看，与东部相比，西部地区对于这些部门的最终需求依然不能更有效地促进该部门的产出增长。而从该类部门总量的减少可以看出，西部与东部地区的经济差距呈减小的趋势。

综上，从部门之间相互消耗的角度来看，1997～2002 年，西部、东部之间经济差异有更为明显的减小趋势，且这种经济差异的减小主要源于西部地区第三产业的迅速发展。通过其他部门对第三产业子部门的消耗关系增强，第三产业已成为西部经济新的增长点。

参考文献

李景华. 2004. 基于投入占用产出技术的经济结构变动分析及其应用. 中国科学院博士学位论文.

Jackson R W，Rogerson P，Plane D，et al. 1990. A causative matrix approach to interpreting structural change. Economic Systems Research，2(3)：259-269.

Lepstein B. 1968. Test marketing：a perturbation in the market place. Management Science，Series B，14：437-438.

Plane D，Rogerson P. 1986. Dynamic flow modeling with interregional dependency effects. Demography，23：91-104.

Rogerson P，Plane D. 1984. Modeling temporal change in flow matrices. Paper of the Regional Science Association，54：147-164.

Roy S，Das T，Chakraborty D. 2002. A study on the Indian information sector：an experiment with input-output technique. Economics Systems Research，14(2)：107-129.

第 6 章

考虑就业占用的地区投入产出模型的
应用：地区劳动生产率差异研究

6.1 地区就业占用的编制

6.1.1 编制地区劳动力占用的必要性和重要性

进入 20 世纪 90 年代中后期以后，我国区域经济差距持续扩大，已经引起经济学家的广泛关注，分别从政府的发展战略、教育、资本投入、劳动力转移、市场化程度等各个角度探讨其对我国地区差距的影响（林毅夫和刘培林，2003；王小鲁和樊纲，2004；许召元和李善同，2006），但有关地区劳动生产率差异及其对地区差距的影响的研究却十分少见。彭国华（2005）认为，生产率解释了我国地区收入差距的主要原因。以 2006 年为例，上海市与贵州省的人均 GDP 分别为 5 7115 元和 6 074 元，差距近 10 倍，而其所对应的劳动生产率分别为 12.7 万元/人和 1.1 万元/人，差距近 12 倍[①]。可见，特别是对经济落后的地区而言，劳动生产率的提高将对其经济增长有重要促进作用。

在传统的全国/地区 IO 产出表中，各部门的劳动力占用人数并没有作为统计指标一并列入，因此基于地区投入产出模型无法研究各地区劳动生产率之间的差距及其变化趋势。陈锡康教授提出的投入占用产出模型则很好地解决了这一问题。将劳动力占用纳入投入产出分析框架后，扩展后的模型可以很好地用于研究 20 世纪 90 年代中后期以来，地区劳动生产率之间的差距究竟有怎样的变化趋

---

① 根据 2007 年我国统计年鉴相关数据计算得到。

势，其分布在空间上具有怎样的特点，以及造成这一差异的主要原因是各地区的经济结构差异还是技术水平差距等一系列问题。

6.1.2　地区劳动力占用的编制方法

在我国的《劳动力统计年鉴》中公布了各地区分部门的劳动力数据，但该数据的部门分类标准与地区 IO 表的部门分类有一定的差异。1997 年 IO 表将国民经济划分为 40 个部门，但相应 1998 年的《劳动力统计年鉴》中仅给出了 16 个部门分地区就业人数统计结果，另外，给出了 6 个采掘业部门和 29 个制造业部门分地区职工人数统计结果。职工是指在国有、城镇集体、联营、股份制、外商和港、澳、台投资、其他单位及其附属机构工作，并由其支付工资的各类人员。而就业人员是指从事一定社会劳动并取得劳动报酬或经营收入的人员。就业人员按就业身份分组包括：①职工；②再就业的离退休人员；③私营业主；④个体户主；⑤私营企业和个体就业人员；⑥乡镇企业就业人员；⑦农村就业人员；⑧其他就业人员(包括现役军人)。职工的统计范围要明显小于就业人员，但在采掘业和制造业，职工应是就业人员的主体。因此，本章以这两个部门的职工人数为基准，以部门就业人数为总控制量，按比例计算出各子部门的就业人数，从而得到1997 年分地区共 49 个部门的就业人数的估计结果。2002 年 IO 表将国民经济划分为 42 个部门，相应劳动力统计年鉴中，按照类似 1997 年的数据处理方式，可以得到分地区 50 个部门的就业人数统计，增加的 1 个部门是由于采掘业的子部门从 6 个变为了 7 个。

至此，各地区分部门就业人数数据均已得到，但其部门分类标准与地区 IO 表有所不同。以调整后部门损失最少为原则，部门分类最终被确定为 32 个部门，如表 6.1 所示。

表 6.1　部门分类标准

序号	部门	序号	部门
1	农业	10	造纸印刷及文教用品制造业
2	煤炭采选业	11	石油加工及炼焦业
3	石油和天然气开采业	12	化学工业
4	金属矿采选业	13	非金属矿物制品业
5	非金属矿采选业	14	金属冶炼及压延加工业
6	食品制造及烟草加工业	15	金属制品业
7	纺织业	16	机械工业
8	服装皮革羽绒及其他纤维制品制造业	17	交通运输设备制造业
9	木材加工及家具制造业	18	电气机械及器材制造业

序号	部门	序号	部门
19	电子及通信设备制造业	26	金融保险业
20	仪器仪表及文化办公用机械制造业	27	房地产业
21	其他制造业	28	社会服务业
22	电力煤气及水的生产和供应业	29	卫生、体育和社会福利业
23	建筑业	30	教育、文化艺术和广播电影电视业
24	交通运输、仓储及邮电通信业	31	科学研究和综合技术服务业
25	批发和零售贸易、餐饮业	32	国家机关、政党机关和社会团体其他

6.2 1997~2002年中国地区劳动生产率差异的变动情况

以往对地区劳动生产率变化的研究多集中于趋同或趋异的检验上（许垚，2005；杨文举和龙睿赟，2007），由于使用的方法不同，得出的结论也各不相同。本节将采用基于指标的统计分析方法，对比 1997~2002 年我国地区劳动生产率差异，以此判断地区间劳动生产率差异的变化情况。度量地区差距大小的统计指标有很多种，最常用的是基尼系数（Gini coefficients，G）、泰尔指数（Theil index，T(0)和 T(1)两种常用形式）和变异系数（coefficient of variation，CV）。由于不同指标所得出的测度结果会有所差异（Sen，1973），因此本节首先运用所有指标对劳动生产率的差异进行描述，其公式分别为

$$G = \frac{\sum_{i=1}^{n}\sum_{j=1}^{n}S_iS_j\,|\,P_1-P_j\,|}{2P} \tag{6.1}$$

$$T(0) = \sum_{i=1}^{n}S_i\log\left(\frac{P_i}{P}\right) \tag{6.2}$$

$$T(1) = \sum_{i=1}^{n}S_i\left(\frac{P_i}{P}\right)\log\left(\frac{P_i}{P}\right) \tag{6.3}$$

$$CV = \frac{\sqrt{\mathrm{var}(S_i \cdot P_i)}}{\mathrm{average}(S_i \cdot P_i)} \tag{6.4}$$

其中，$S_i = L_i \big/ \sum_i L_i$；$L_i$ 代表第 i 个地区的就业人数；P_i 代表第 i 个地区的劳动生产率；$P_i = \mathrm{GDP}_i/L_i$，GDP_i 为第 i 个地区的 GDP。全国劳动生产率为 $P =$

$\sum_i S_i \cdot P_i$。考虑到指标间的可比性，在计算变异系数时，各地区劳动生产率采用该地区劳动力占全国劳动力总数的比重进行加权(式 6.4)。

图 6.1 是各指标所测度的 1997～2002 年劳动生产率[1]的变化情况。基尼系数和泰尔指数均表明，1997～2002 年地区劳动生产率差异逐渐扩大。其中，基尼系数由 0.275 增加至 0.341，上涨幅度为 24%；泰尔指数 T(0)由 0.024 快速增长至 0.121，上涨幅度高达 404%；T(1)则由 0.254 增加至 0.463，上涨幅度达 82.3%。变异系数所反映的生产率差异则从 0.759 缓慢上涨至 0.762，上涨幅度为 4.3%。综合各指标的测算表明，1997～2002 年的劳动生产率差异存在逐步扩大的趋势，且各指标的测度存在稳健性。

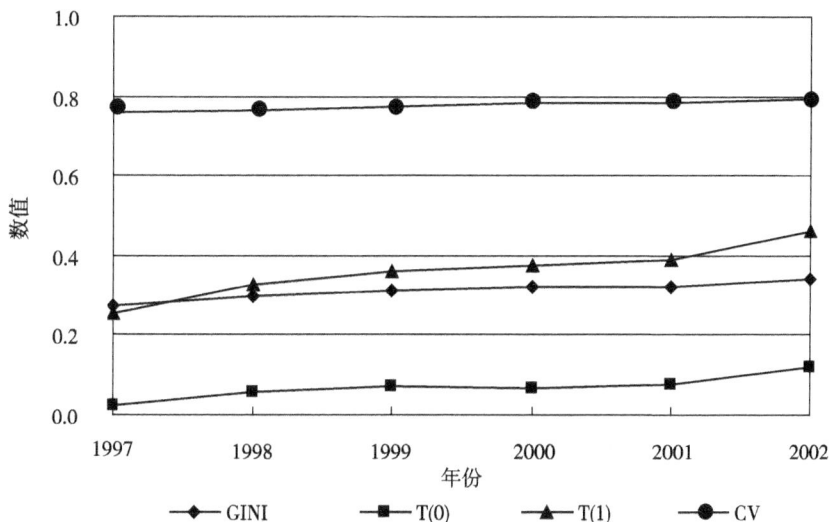

图 6.1　地区劳动生产率差异变化情况

由于 IO 表提供了远比统计年鉴中更为详尽的分部门增加值和总产出核算结果，本章拟应用份额-偏离模型，基于包含劳动力占用的地区投入占用产出数据，分析 1997～2002 年我国各地区劳动生产率差异及其变化的成因。需要说明的是，通常的劳动生产率是以单位劳动力创造的 GDP(即增加值)衡量的，此处我们采用基于各地区 IO 表计算出的单位劳动力创造的总产出作为度量。这主要基于如下两点考虑：①单位劳动力创造的 GDP 可以分解成单位劳动力创造的总产出和单位总产出中增加值的比率的乘积，其中增加值比率实际上反映的是该地区的生产技术水平(Leontief，1989)，而分解出的前者，由于以实际产生的总产出为计

---

① 考虑到各年份间物价存在差异，此处劳动生产率为基于不变价 GDP 与就业总人数相除得到。其中，不变价 GDP 以 1997 年为基准，基于统计年鉴提供的 GDP 指数计算得到。

算基准，能更为贴切地反映劳动生产率的大小。②IO 表提供了远比统计年鉴中更为详尽的分部门增加值和总产出核算结果。通常情况下，地区间劳动生产率差异可以通过份额–偏离模型分解成产业结构差异和部门生产率差异（李强和郑江淮，2012）。但 Timmer 和 Szirmai(2000)曾经证明，部门划分不详细时，部门比重差异对于整体劳动生产率的影响将被严重低估。地区 IO 表由于提供了详尽的该地区分部门的增加值和总产出核算结果，基于 IO 表的实证计算，能更好地分析各地区劳动生产率差异及其成因。

另外需要指出的是，IO 表中 GDP 的统计结果与统计年鉴中公布的结果有一定差异，这主要是由投入产出调查要滞后于国民经济核算调查及调查方式的不同引起的①。为保持一致性，本节所有总产出、增加值数据均取自地区 IO 表。另外，由于 IO 表的编制目前仍以现价表为主，因此 2002 年与 1997 年劳动生产率的对比是基于现价进行的名义劳动生产率对比。

6.3 份额–偏离模型

6.3.1 份额–偏离分析模型及其问题

传统的份额–偏离分析模型由 Dunn(1960)作为一种预测区域就业增长的分析方法而提出，Esteban(1972)对之进行扩展，随后被广泛应用于区域经济发展增长分析(Slyvie, 2001)、就业增长(Barff and Knight，1988)及劳动生产率增长（王玲，2003）。份额–偏离模型的基本思想是，将任意两地区间劳动生产率差异分解为产业结构差异因子、生产率差异因子和资源配置差异因子三个部分。其中，第一部分表示各地区特殊的产业结构对于差异的贡献；第二部分度量产业结构相同时，地区技术水平差异导致的部门劳动生产率差异所引起的区域差异；第三部分度量前面二者的协方差，可以解释为源于区域专业化于具有高劳动生产率的部门所导致的差异部分，即资源配置效率。以地区 i 的劳动生产率为例，假定共有 $m(j=1, 2, \cdots, m)$ 个部门，有

$$P_i = \frac{\mathrm{GDP}_i}{L_i} = \sum_{k=1}^{m} \left(\frac{L_{ik}}{L_i} \right) \left(\frac{\mathrm{GDP}_{ik}}{L_{ik}} \right) = \sum_{k=1}^{n} S_{ik} \cdot P_{ik} \tag{6.5}$$

其中，下标 i、k 分别代表地区和部门；S_{ik} 代表地区 i 第 k 个部门劳动力人数占该地区总劳动力人数的比重，满足 $\sum_k S_{ik} = 1$；P_{ik} 代表地区 i 第 k 个部门的劳动

---

① 参见《地区投入产出表的编制专题讨论》，第 7 届我国投入产出会议，南京，2007 年 8 月。

生产率数值。从而地区 i 与地区 j 的劳动生产率差异可分解为

$$P_i - P_j = \sum_{k=1}^{m} S_{ik} \cdot P_{ik} - \sum_{k=1}^{m} S_{jk} \cdot P_{jk}$$

$$= \sum_{k=1}^{m} \big[(S_{ik} - S_{jk}) + S_{jk} \big] \cdot \big[(P_{ik} - P_{jk}) + P_{jk} \big] - \sum_{k=1}^{m} S_{jk} \cdot P_{jk}$$

$$= \sum_{k=1}^{m} (S_{ik} - S_{jk}) \cdot P_{jk} + \sum_{k=1}^{m} S_{jk} \cdot (P_{ik} - P_{jk}) + \sum_{k=1}^{m} (S_{ik} - S_{jk}) \cdot (P_{ik} - P_{jk})$$

$$= U_{ij} + V_{ij} + W_{ij} \tag{6.6}$$

式（6.6）即为传统的份额-偏离加法模型公式，它将地区 i 与地区 j 的劳动生产率差异分解为产业结构差异、部门生产率差异和资源配置差异三个因子的共同作用，通过比较各因子对差异的贡献度，可分析地区间劳动生产率差异形成的原因。由式（6.6）可知，产业结构差异因子可定义为 $U_{ij} = \sum_k (S_{ik} - S_{jk}) \cdot P_{jk}$，$U_{ij}$ 度量由于地区 i，j 产业结构不同而产生的生产率差异。$U_{ij} > 0$ 代表相对于地区 j 而言，地区 i 专业化生产于生产率较高的部门（或非专业化生产于生产率较低的部门）。部门生产率差异因子则可定义为 $V_{ij} = \sum_k S_{jk} \cdot (P_{ik} - P_{jk})$，$V_{ij}$ 度量地区 i 各部门生产率与地区 j 的偏离，反映了地区 i 的生产率优势。$V_{ij} > 0$ 意味着地区 i 的各部门生产率的加权值高于地区 j，具有生产率优势。资源配置差异因子则可定义为 $W_{ij} = \sum_k (S_{ik} - S_{jk}) \cdot (P_{ik} - P_{jk})$，其中，$W_{ij} > 0$ 意味着就业人口份额的偏离（相对于地区 j）与相应产业的生产率偏离相一致，W_{ij} 表征的是地区 i 的资源在不同产业间的配置效率。

但将传统的份额-偏离模型用于研究我国地区间劳动生产率差异时，却出现了两个问题。

第一，传统的份额-偏离模型为两因素模型，即其因变量为部门就业人数所占比重与部门劳动生产率两自变量的乘积。但如前所述，部门劳动生产率可以进一步分解为单位劳动力创造的总产出以及增加值率的乘积，从而地区 i 的劳动生产率可以表示为如下三个自变量的乘积

$$P_i = \frac{\mathrm{GDP}_i}{L_i} = \sum_{j=1}^{m} \left(\frac{L_{ij}}{L_i} \right) \left(\frac{Y_{ij}}{L_{ij}} \right) \left(\frac{\mathrm{GDP}_{ij}}{Y_{ij}} \right) = \sum_{j=1}^{n} S_{ij} \cdot \mathrm{LP}_{ij} \cdot V_{ij} \tag{6.7}$$

其中，GDP_{ij} 和 Y_{ij} 分别代表地区 i 第 j 个部门的增加值和总产出；LP_{ij} 和 V_{ij} 则分别表示地区 i 第 j 个部门单位劳动力创造的总产出和相应单位总产出中增加值所占比例。由此，传统的两因素份额-偏离模型须改造为三因素模型，才能用于此处，更好地分析地区间劳动生产率差异。

第二，传统的份额-偏离模型不满足传递性。由式（6.6）知，地区 1 与地区 2 的劳动生产率差异可以分解为 $P_1 - P_2 = U_{12} + V_{12} + W_{12}$，类似地，地区 2 与地

区 3 的劳动生产率差异为 $P_2 - P_3 = U_{23} + V_{23} + W_{23}$。很明显 $P_1 - P_3 = (P_1 - P_2) + (P_2 - P_3)$，即地区 1 与地区 3 的劳动生产率差异可以通过地区 1 与地区 2、地区 2 与地区 3 之间相互比较的和得到。传递性要求各因子差异也满足这一性质，即满足 $U_{13} = U_{12} + U_{23}$，$V_{13} = V_{12} + V_{23}$，$W_{13} = W_{12} + W_{23}$。当分析多地区间的劳动生产率差异时，传递性是必须要满足的性质之一。但以 U_{ij} 为例，我们有

$$U_{13} = \sum_k (S_{1k} - S_{3k}) \cdot P_{3k}$$

$$U_{12} = \sum_k (S_{1k} - S_{2k}) \cdot P_{2k} \qquad (6.8)$$

$$U_{23} = \sum_k (S_{2k} - S_{3k}) \cdot P_{3k}$$

其中，$U_{13} \neq U_{12} + U_{23}$。类似地，$V_{ij}$、$W_{ij}$ 也不满足传递性，式(6.6)不能很好地用于分析我国地区间的劳动生产率差异。

6.3.2 可传递的三因素份额–偏离加法模型

如前所述，传统的份额–偏离加法模型需要进行两方面的改造：一是从两因素增为三因素；二是解决传递性问题。其中，后者是指数理论中非常经典的问题，已经有很多方法用于解决这一问题，目前使用最广泛的包括 EKS 指数(Elteto and Koves，1964；Szulc，1964)、Geary-Khamis 指数(Geary，1958；Khamis，1972)和 CCD 指数方法(Caves et al.，1982)。Fox(2006)曾经将 EKS 指数形式套用至份额–偏离加法模型，通过在多地区比较中将各地区平均值取为基准参照变量来解决传递性问题。其基本思想是分别将地区 i 和地区 j 的劳动生产率与全国平均水平进行比较，再将所得结果进行比较，作为地区 i 与地区 j 劳动生产率差异的分解，即得到可传递的两因素份额–偏离加法模型。

$$U_i = \sum_k (S_{ik} - \bar{S}_k) \cdot \bar{P}_k$$

$$V_i = \sum_k \bar{S}_k \cdot (P_{ik} - \bar{P}_k) \qquad (6.9)$$

$$W_i = \sum_k (S_{ik} - \bar{S}_k) \cdot (P_{ik} - \bar{P}_k)$$

其中，$\bar{S}_k$ 和 $\bar{P}_k$ 分别代表全国第 k 部门劳动力所占比重和对应的部门劳动生产率，从而全国劳动生产率为 $P = \sum_k \bar{S}_k \cdot \bar{P}_k$。由式(6.9)可知，地区 i 与全国劳动生产率的差距为

$$U_i + V_i + W_i = P_i - P \qquad (6.10)$$

基于式(6.10)分解地区 1 与地区 2 的劳动生产率差异，有

$$P_1 - P_2 = (P_1 - P) - (P_2 - P) = U_{12} + V_{12} + W_{12} \qquad (6.11)$$

从而有 $U_{12} = \sum_k (S_{1k} - \bar{S}_k) \cdot \bar{P}_k - \sum_k (S_{2k} - \bar{S}_k) \cdot \bar{P}_k$，此时有 $U_{13} = U_{12} + U_{23}$，式（6.9）和式（6.11）即为满足传递性的份额-偏离模型。

　　另外，若按式（6.7）将劳动生产率分解为三因素，相应的份额-偏离模型的形式也需要进行调整。考虑到三因素模型的目的是分析产业结构差异、部门劳动生产率差异及技术水平差异对整体劳动生产率差异的贡献程度，若继续保留交叉项 W_i，在实证研究部分仍需将 W_i 进一步分解至各因素。因此，在设计可传递的三因素份额-偏离加法模型时，本书直接回避了交叉项，得到如下分解形式：

$$E_S = \frac{1}{2} \sum_k (S_{ik} - \bar{S}_k)(\overline{LP}_k \cdot \bar{V}_k + LP_{ik} \cdot V_{ik})$$

$$E_{LP} = \frac{1}{2} \sum_k (LP_{ik} - \overline{LP}_k)(\bar{S}_k \cdot \bar{V}_k + S_{ik} \cdot V_{ik}) \qquad (6.12)$$

$$E_V = \frac{1}{2} \sum_k (V_{ik} - \bar{V}_k)(S_{ik} \cdot \overline{LP}_k + \bar{S}_k \cdot LP_{ik})$$

其中，下标 i 与 k 分别表示地区与部门，均值代表全国平均水平。式（6.12）满足

$$E_S + E_{LP} + E_V = \sum_k S_{ik} \cdot LP_{ik} \cdot V_{ik} - \sum_k \bar{S}_k \cdot \overline{LP}_k \cdot \bar{V}_k = P_i - P$$

$$(6.13)$$

　　从而，地区 i 与全国劳动生产率的差异实际上被分解为三个部分：E_S 度量由于地区 i 与全国产业结构不同而产生的差异；E_{LP} 度量地区 i 各部门生产率与全国平均水平的偏离，反映了地区 i 的生产率优势；E_V 则反映地区 i 技术水平优势，即部门单位总产出创造增加值的能力相对于全国水平的偏离。类似地，以下标 1、2、3 分别代表地区，易证明，$E_{S-13} = E_{S-12} + E_{S-23}$，$E_{LP-13} = E_{LP-12} + E_{LP-23}$，$E_{V-13} = E_{V-12} + E_{V-23}$。式（6.12）即为可传递的三因素份额-偏离加法模型，可用于分析我国地区劳动生产率的分布在空间上具有怎样的特点，以及造成这一差异的主要原因是经济结构差异还是技术水平差距。

6.3.3　三因素份额-偏离乘法模型

　　如 6.2 节所述，1997～2002 年的劳动生产率差异呈逐步扩大的趋势。这说明，基准年（即 1997 年）具有高劳动生产率的地区，在样本区间内有更快的劳动生产率增速。相应地，低劳动生产率的地区，在样本区间内生产率的提高并不明显。但份额-偏离加法模型仅适用于研究地区间劳动生产率的绝对差异，就时序研究而言，劳动生产率的变化多用增速表示，为更好地研究样本区间内的劳动生产率增速差异究竟源于哪些地区和因素，本章引入份额-偏离乘法

模型。

份额-偏离乘法模型是由 Davies 和 Lyons(1991)提出的。他们借用 Fisher 指数的形式，提出了两因素份额-偏离模型，研究为什么在英国外资公司(foreign owned enterprises，FOEs) 相对于本地公司 (domestically owned enterprises，DOEs)有整体更高的生产率。首先，定义外资公司相对于本地公司的劳动生产率差异系数 R 为

$$R = \frac{\sum S_k^{\mathrm{F}} P_k^{\mathrm{F}}}{\sum S_k^{\mathrm{D}} P_k^{\mathrm{D}}} \tag{6.14}$$

其中，上标 F 与 D 分别代表外资公司 FOEs 和本地公司 DOEs；P_k 代表部门 k 的劳动生产率；S_k 代表部门 k 的劳动力人数占外资公司或本地公司全部劳动力人数的比重。由此，份额-偏离乘法模型可将这一相对差异系数分解为产业结构和部门劳动生产率的影响。

$$R = \frac{\sum S_k^{\mathrm{F}} P_k^{\mathrm{F}}}{\sum S_k^{\mathrm{D}} P_k^{\mathrm{D}}} = \sqrt{\frac{\sum S_k^{\mathrm{F}} P_k^{\mathrm{F}}}{\sum S_k^{\mathrm{D}} P_k^{\mathrm{F}}} \cdot \frac{\sum S_k^{\mathrm{F}} P_k^{\mathrm{D}}}{\sum S_k^{\mathrm{D}} P_k^{\mathrm{D}}}} \times \sqrt{\frac{\sum S_k^{\mathrm{F}} P_k^{\mathrm{F}}}{\sum S_k^{\mathrm{F}} P_k^{\mathrm{D}}} \cdot \frac{\sum S_k^{\mathrm{D}} P_k^{\mathrm{F}}}{\sum S_k^{\mathrm{D}} P_k^{\mathrm{D}}}} \tag{6.15}$$
$$= R_s \times R_p$$

其中，R_s 表示部门结构差异的影响；R_p 表示劳动生产率差异的影响。

类似地，将该模型扩展为三因素的形式，有

$$R_S = \sqrt[6]{\left(\frac{\sum_k S_{ik}^1 \cdot \mathrm{LP}_{ik}^1 \cdot V_{ik}^1}{\sum_k S_{ik}^0 \cdot \mathrm{LP}_{ik}^1 \cdot V_{ik}^1}\right)^2 \cdot \left(\frac{\sum_k S_{ik}^1 \cdot \mathrm{LP}_{ik}^0 \cdot V_{ik}^0}{\sum_k S_{ik}^0 \cdot \mathrm{LP}_{ik}^0 \cdot V_{ik}^0}\right)^2 \cdot \frac{\sum_k S_{ik}^1 \cdot \mathrm{LP}_{ik}^1 \cdot V_{ik}^0}{\sum_k S_{ik}^0 \cdot \mathrm{LP}_{ik}^1 \cdot V_{ik}^0} \cdot \frac{\sum_k S_{ik}^1 \cdot \mathrm{LP}_{ik}^0 \cdot V_{ik}^1}{\sum_k S_{ik}^0 \cdot \mathrm{LP}_{ik}^0 \cdot V_{ik}^1}}$$

$$R_{\mathrm{LP}} = \sqrt[6]{\left(\frac{\sum_k S_{ik}^1 \cdot \mathrm{LP}_{ik}^1 \cdot V_{ik}^1}{\sum_k S_{ik}^1 \cdot \mathrm{LP}_{ik}^0 \cdot V_{ik}^1}\right)^2 \cdot \left(\frac{\sum_k S_{ik}^0 \cdot \mathrm{LP}_{ik}^1 \cdot V_{ik}^0}{\sum_k S_{ik}^0 \cdot \mathrm{LP}_{ik}^0 \cdot V_{ik}^0}\right)^2 \cdot \frac{\sum_k S_{ik}^0 \cdot \mathrm{LP}_{ik}^1 \cdot V_{ik}^1}{\sum_k S_{ik}^0 \cdot \mathrm{LP}_{ik}^0 \cdot V_{ik}^1} \cdot \frac{\sum_k S_{ik}^1 \cdot \mathrm{LP}_{ik}^1 \cdot V_{ik}^0}{\sum_k S_{ik}^1 \cdot \mathrm{LP}_{ik}^0 \cdot V_{ik}^0}}$$

$$R_V = \sqrt[6]{\left(\frac{\sum_k S_{ik}^1 \cdot \mathrm{LP}_{ik}^1 \cdot V_{ik}^1}{\sum_k S_{ik}^1 \cdot \mathrm{LP}_{ik}^1 \cdot V_{ik}^0}\right)^2 \cdot \left(\frac{\sum_k S_{ik}^0 \cdot \mathrm{LP}_{ik}^0 \cdot V_{ik}^1}{\sum_k S_{Mik}^0 \cdot \mathrm{LP}_{ik}^0 \cdot V_{ik}^0}\right)^2 \cdot \frac{\sum_k S_{ik}^0 \cdot \mathrm{LP}_{ik}^1 \cdot V_{ik}^1}{\sum_k S_{ik}^0 \cdot \mathrm{LP}_{ik}^1 \cdot V_{ik}^0} \cdot \frac{\sum_k S_{ik}^1 \cdot \mathrm{LP}_{ik}^0 \cdot V_{ik}^1}{\sum_k S_{ik}^1 \cdot \mathrm{LP}_{ik}^0 \cdot V_{ik}^0}}$$

$$\tag{6.16}$$

其中，上标 1 与 0 分别代表不同的样本期，在此处取为 2002 年和 1997 年；下标 i 和 k 分别代表地区和对应部门。由式(6.16)易知

$$R = R_S \times R_{\mathrm{LP}} \times R_V = \frac{\sum_k S_{ik}^1 \cdot \mathrm{LP}_{ik}^1 \cdot V_{ik}^1}{\sum_k S_{ik}^0 \cdot \mathrm{LP}_{ik}^0 \cdot V_{ik}^0} = \frac{P_i^1}{P_i^0} \tag{6.17}$$

从而，对各地区而言，2002 年相对于 1997 年劳动生产率的增长可以分解为三个因素的共同作用。R_S 度量的是部门生产率和增加值比率均保持不变时，由于劳动力在各部门的比重变动引起的劳动生产率增长。$R_S > 1$ 表示该地区经济结构的调整对劳动生产率整体的增加有促进作用，使该地区劳动生产率在 2002 年相对于 1997 年增长了$(R_S - 1)$倍；相应地，$R_S < 1$ 表示该地区经济结构的调整使劳动生产率整体有所下降。R_{LP}反映的是当保持其他两个因素不变时，相对于 1997 年，2002 年各部门劳动生产率整体是在增加还是减少。R_V 反映的是该地区技术水平的变化（即单位总产出创造增加值的能力）对整体劳动生产率的影响。$R_V > 1$ 表明与 1997 年相比，2002 年该地区生产单位总产出时，所需要的中间投入整体上有所减少，创造的增加值增多，从而对整体劳动生产率的提高有促进作用。

式(6.16)即为三因素份额-偏离乘法模型，利用该式可将 1997～2002 年各地区劳动生产率的增长分解成三因素的乘积，但若要计算出各因素对整体增长的贡献百分比，还需将式(6.17)取对数，即

$$\log(R) = \log(R_S) + \log(R_{LP}) + \log(R_V) \tag{6.18}$$

利用式(6.18)可依次计算出各地区各因素变动对该地区整体劳动生产率增长的贡献程度。

6.4　地区劳动生产率的差异、变化及其成因分析

如前所述，为分析样本期间我国地区劳动生产率差异存在及持续扩大的原因，本节首先用加法模型对 1997 年地区劳动生产率的差异成因进行研究，再用乘法模型研究 1997～2002 年劳动生产率差异持续扩大，即高劳动生产率地区反而有高生产率增长的原因。

6.4.1　1997 年地区劳动生产率差异分析

如前所述，本节首先采用可传递的三因素份额-偏离加法模型[式(6.12)]对 1997 年各地区劳动生产率偏离全国平均水平的原因进行计算，并基于此对整体的地区劳动生产率差异情况进行分析。计算结果如表 6.2 所示。各地区劳动生产率与全国平均水平的差异被分解为产业结构、部门劳动生产率和增加值比率的差异，各因素的贡献率也相应被计算得出。

表 6.2   1997 年我国地区间劳动生产率差异分析（单位：万元/单位劳动力）

地区	劳动生产率	$P_i - P$	E_S 数值/（万元/单位劳动力）	E_S 贡献率/%	E_{LP} 数值/（万元/单位劳动力）	E_{LP} 贡献率/%	E_V 数值/（万元/单位劳动力）	E_V 贡献率/%
全国	1.19							
安徽	0.82	−0.36	−0.20	55.7	−0.13	34.9	−0.03	9.4
北京	3.59	2.40	1.14	47.7	1.46	61.0	−0.21	−8.7
重庆	0.83	−0.36	−0.25	67.4	−0.12	34.0	0.01	−1.4
福建	1.93	0.74	0.06	8.5	0.79	107.0	−0.11	−15.4
甘肃	0.82	−0.37	−0.15	39.6	−0.26	71.6	0.04	−11.2
广东	2.01	0.82	0.13	15.4	0.92	112.0	−0.23	−27.3
广西	0.76	−0.43	−0.31	73.7	−0.12	28.7	0.01	−2.4
贵州	0.43	−0.76	−0.36	47.6	−0.47	61.5	0.07	−9.1
河北	1.23	0.05	0.10	218.9	−0.03	−63.5	−0.03	−55.4
河南	0.84	−0.35	−0.16	45.0	−0.15	44.7	−0.04	10.3
黑龙江	1.70	0.51	0.49	96.4	−0.13	−25.5	0.15	29.1
湖北	1.32	0.13	0.06	44.1	0.20	156.9	−0.13	−100.9
湖南	0.85	−0.33	−0.18	52.8	−0.10	31.3	−0.05	15.9
吉林	1.22	0.03	0.26	960.8	−0.19	−717.0	−0.04	−143.8
江苏	1.80	0.61	0.22	35.8	0.64	104.2	−0.25	−40.1
江西	0.84	−0.35	−0.09	25.2	−0.29	84.3	0.03	−9.5
辽宁	1.77	0.58	0.54	93.2	0.29	50.1	−0.25	−43.3
内蒙古	1.08	−0.11	0.13	−112.6	−0.28	249.3	0.04	−36.7
宁夏	0.84	−0.35	−0.01	3.0	−0.38	106.4	0.03	−9.4
陕西	0.76	−0.43	−0.07	16.5	−0.35	80.7	−0.01	2.8
山东	1.46	0.27	−0.01	−2.9	0.43	159.0	−0.15	−56.1
山西	1.05	−0.14	0.21	−150.9	−0.33	238.3	−0.02	12.5
上海	4.56	3.37	1.37	40.6	2.46	73.0	−0.46	−13.6
四川	0.73	−0.46	−0.25	55.3	−0.22	47.9	0.01	−3.1
天津	2.66	1.47	1.12	76.2	0.73	49.3	−0.38	−25.6
云南	0.75	−0.44	−0.36	82.4	−0.17	39.5	0.10	−21.8
浙江	1.78	0.59	0.17	28.2	0.63	107.4	−0.21	−35.7

　　1997 年，我国劳动生产率为 1.19 万元/单位劳动力，27 个地区中，有 14 个地区的劳动生产率低于全国平均水平（$P_i < P$），这 14 个地区多属于西部区域。相应地，劳动生产率高于全国平均水平的 13 个地区多属于东部区域。除安徽、江西、湖南和河南外，所有中部区域的省（山西除外）的劳动生产率均高于全国平均水平。值得一提的是，北京、上海的劳动生产率要远远高于全国平均水平，分别高出 2.4 万/单位劳动力和 3.37 万/单位劳动；相应地，贵州的劳动生产率

远远低于全国平均水平，仅为 0.43 万/单位劳动力。

　　而从各因素的贡献率来看，可以发现，经济结构差异 E_s 和部门劳动生产率 E_{LP} 差异对劳动生产率整体差异的贡献多为正向效应，而增加值比率差异 E_V 的贡献多为负向效应。但也有例外。就经济结构差异的贡献率而言，山西、内蒙古和山东有负向的贡献率（$E_s<0$），其数值从 -2% 到 -151% 不等；而东北三省——黑龙江、吉林和辽宁，其经济结构对整体生产率差异的正向贡献效应十分明显，均在 100% 左右。这是由于东北曾经是我国的重工业中心，东北三省因此有较高的重工业比重，而重工业相对于农业和服务业而言，有相对更高的劳动生产率，因此整体来看，东北三省经济结构差异对劳动生产率差异的贡献程度很高。对剩下的其他地区而言，经济结构的贡献率大多从 10% 到 80% 不等，取决于其他两个因素的大小。

　　显然，三个因素当中，对于整体劳动生产率差异贡献最大的是部门劳动生产率差异。除吉林、河北和黑龙江之外，其他所有地区均有部门劳动生产率差异对整体劳动生产率差异的贡献为正。这三个省的整体劳动生产率均高于全国平均水平，表明它们某些比重较大的部门劳动生产率水平可能低于全国平均水平。整体看来，有 9 个地区该因素的贡献率在 100% 以上，其中 5 个位于东部，包括江苏、福建、浙江、广东和山东；其他 4 个地区为宁夏、湖北、山西和内蒙古。这些地区劳动生产率高于（或低于）全国平均水平的关键决定因素是部门劳动生产率。剩下的 15 个地区的分析也验证了这一结论：虽然这些地区部门劳动生产率因素贡献率数值从 20% 到 85% 不等，但其数值多高于经济结构因素的贡献率。

　　而从增加值比率的贡献率数值来看，该因素的贡献程度要远低于其他两个因素。而且，除安徽、河南、湖南、黑龙江、山西和陕西而外，其他所有地区均有负向的因素贡献率（$E_V<0$）。结合前两个因素贡献率的分析，可以认为，劳动生产率高于全国平均水平的地区多有更高的部门生产率和更优的经济结构，但也有更低的增加值比率，即产生单位总产出时有更高的中间投入消耗。这是由于这些地区，如东部省（直辖市），其生产方式在 1997 年仍处于劳动密集型向资本密集型的转变进程中，生产同样产品时需要购买更多的设备，因此反而有更高的中间投入比例。

　　由于式（6.12）是可传递模型，基于表 6.2 的计算结果，我们还可对任意两地区的劳动生产率差异及其成因进行分析。以劳动生产率最高的上海和最低的贵州为例，二者的劳动生产率差异为 4.13 万/单位劳动力，将这两个地区相应地三个因素 E_s、E_{LP} 和 E_V 的数值相减，分别为 1.73、2.93 和 -0.53，它们的和必定等于两地区的生产率差异 4.13。由此可知，上海劳动生产率高于贵州的差异中，经济结构的贡献率为 42%，部门劳动生产率贡献率为 71%，增加值率的贡献率为 -13%。这说明上海的经济结构和部门生产率均要优于贵州，但单位产出创造增加值的能力要弱于贵州。类似地,由于模型的传递性,我们可以基于该表对任意两地区的生产率差异及其成因进行分析。

6.4.2 1997～2002 年地区劳动生产率的变化分析

由 6.2 节可知,1997～2002 年我国地区间劳动生产率的差异呈逐渐扩大趋势。基于三因素份额-偏离乘法模型[式(6.16)],本小节试图对 1997～2002 年高劳动生产率地区有较高生产率增速的原因进行分析,劳动生产率的名义增长比率 R 被分解为经济结构(R_S)、部门劳动生产率(R_{LP})和增加值率(R_V)的共同贡献,各因子的贡献率则基于式(6.18)计算得到,计算结果如表 6.3 所示。

表 6.3 1997～2002 年地区劳动生产率增长原因分析

地区	1997 年劳动生产率	P_i^1/P_i^0	R_S		R_{LP}		R_V	
			数值	贡献率/%	数值	贡献率/%	数值	贡献率/%
全国	1.19							
北京	3.59	1.43	1.48	110.8	0.94	−18.5	1.03	7.7
重庆	0.83	1.46	1.77	151.6	0.86	−38.6	0.95	−13.1
福建	1.93	1.44	1.86	169.2	0.76	−73.7	1.02	4.5
甘肃	0.82	1.16	1.12	74.6	1.09	55.2	0.96	−29.9
广东	2.01	1.66	1.71	106.2	0.90	−20.1	1.07	13.9
广西	0.76	1.26	1.47	170.6	0.80	−97.8	1.06	27.2
贵州	0.43	1.40	1.30	78.4	1.08	22.8	1.00	−1.2
河北	1.23	1.46	1.33	74.7	1.10	24.1	1.00	1.3
河南	0.84	1.33	1.54	153.2	0.84	−61.1	1.02	7.9
湖南	0.85	1.46	1.32	72.8	1.08	21.3	1.02	5.9
江苏	1.80	1.64	1.43	72.6	1.09	16.7	1.05	10.7
江西	0.84	1.49	1.27	59.6	1.18	42.2	0.99	−1.8
内蒙古	1.08	1.70	1.28	46.6	1.31	51.0	1.01	2.4
宁夏	0.84	1.40	1.22	71.4	1.19	60.9	0.91	−32.3
陕西	0.76	1.48	1.44	93.1	1.02	4.8	1.01	2.1
山东	1.46	1.52	1.61	112.5	0.95	−11.0	0.99	−1.5
上海	4.56	1.60	1.71	115.2	0.96	−8.5	0.97	−6.7
四川	0.73	1.51	1.23	49.4	1.24	51.3	1.00	−0.7
天津	2.66	1.91	1.39	50.3	1.32	42.6	1.05	7.0
云南	0.75	1.28	1.29	101.7	1.03	13.3	0.96	−15.2
浙江	1.78	1.61	1.99	145.4	0.77	−55.3	1.05	9.9

从表 6.3 可以发现,1997～2002 年我国各地区的名义劳动生产率均呈增长趋势,且 1997 年有高劳动生产率的地区明显有更快的增速。在样本期间内,东

部大部分地区，如广东、江苏、浙江、上海均有 P_i^1/P_i^0 大于或等于 1.60，而相应的西部大部分地区，如甘肃、广西、云南，这一比例则低于 1.30。

而从各因素的数值来看，所有地区均有 $R_S>1$，这说明在 1997～2002 年，劳动力均是从低生产率部门向高生产率部门进行流动，从而对整体劳动生产率的增长有促进作用。相应地，R_V 的数值则在 1 左右小幅波动，这说明增加值比率的变动并非促进劳动生产率增长的主要原因。R_{LP} 的数值变动则较为激烈，从 0.76 到 1.32 不等。大部分 $R_{LP}<1$ 的地区均位于东部，包括福建、浙江、广东、北京、山东和上海。这是由于在 1997 年这些地区部门劳动生产率均已处于较高水平，在 1997～2002 年没有明显提高，因此对整体劳动生产率提高没有明显贡献。但相应地，最初有低劳动生产率的地区更易通过资本流动和技术溢出效应提高本地区的部门生产率水平（Sen，1973），因此，在 1997 年劳动生产率较低的中部、西部大部分地区有明显的 $R_V>1$ 也就易于理解了。

从各因素的贡献率来看，产业结构调整是所有地区生产率提高的最重要原因，所有地区均有正向的 R_S 贡献率，其数值从 46％ 到 171％ 不等。而且，产业结构调整对东部地区劳动生产率增加的贡献程度甚至要强于中部、西部地区，因为除天津外所有东部地区均有 R_S 的贡献率大于 70％。这说明劳动生产率的增长主要是由于劳动力的流动引起的，包括其从低劳动生产率部门向高劳动生产率部门的流动，以及从落后的中西部地区向发达的东部地区流动。王小鲁和樊纲（2004）曾对我国地区间的劳动力流动规模进行推算，认为截至 2000 年，跨省劳动力规模已高达 2 825 万人，其中 90％ 来自中西部（中部 56％，西部 34％）；82％ 流向东部，如广东、浙江、上海、福建等。结合前文的分析可以认为：高劳动生产率基础和持续的劳动力流入（即正向作用的经济结构）使东部地区有更快的劳动生产率增速；而低劳动生产率基础和持续的劳动力流出（即反向作用的经济结构）使中西部地区有更慢的劳动生产率增速，从而在整个样本期间，我国地区劳动生产率差异呈整体扩大的趋势。

从部门劳动生产率（R_{LP}）和增加值率（R_S）的贡献率来看，二者对整体劳动生产率增长的贡献程度远小于经济结构调整。其中，R_S 的贡献率在 -30% ～ 30%，这说明 1997～2002 年各地区的生产技术水平并没有发生显著变化。

6.4.3　小结

我国地区间劳动生产率存在很大差异，且这种差异呈持续扩大的趋势。本章采用基于各地区 IO 表计算出的单位劳动力创造的总产出作为劳动生产率的度量：一方面，单位劳动力创造的 GDP 可以分解成单位劳动力创造的总产出和单位总产出中增加值比率的乘积，其中增加值比率可用于反映该地区的生产技术水平；另一方面，IO 表提供了远比统计年鉴中更为详尽的分部门增加值和总产出核算结果。基于 IO 表的劳动生产率差异实证分解，能更好地分析各地区劳动生产率差异及其成因。

由此，劳动生产率可以分解成三个因素，即部门就业人数所占比重、单位劳动力创造的总产出及增加值率的乘积。本章首先提出了可传递的三因素份额-偏离加法模型，对 1997 年各地区劳动生产率偏离全国平均水平的程度和原因进行分析。结果表明，部门单位劳动力创造总产出能力的差异是造成地区劳动生产率差异的最主要原因。

另外，为对 1997～2002 年地区劳动生产率差异扩大的原因进行分析，本章提出了三因素份额-偏离乘法模型。对数据的初始分析表明，1997～2002 年，高劳动生产率地区有较高生产率增速、低劳动生产率地区反而有较低生产率增速是造成我国生产率差异持续扩大的原因。进一步分析发现，劳动力的流动包括地区内部从低生产率部门向高生产率部门的流动和从落后中西部地区向发达东部地区的流动，是造成这一结果的主要原因。

对劳动生产率差异及其趋势的实证分析表明，提高落后地区单位劳动力创造总产出的能力迫在眉睫，否则地区经济差异将呈持续扩大的趋势。为实现这一目标，政府应着力于促进发达地区向落后地区的资本流动和技术转移，以及落后地区自身的产业结构调整。

参考文献

国家统计局 . 2003. 中国劳动统计年鉴 . 北京：中国统计出版社 .

李强，郑江淮 . 2012. 中国劳动生产率的"地区-产业收敛悖论"——基于差异分解的实证研究 . 财贸研究，23(134)：66-72.

林毅夫，刘培林 . 2003. 中国的经济发展战略与地区收入差距 . 经济研究，1：19-25.

彭国华 . 2005. 中国地区收入差距、全要素生产率及其收敛分析 . 经济研究，9：19-29.

王玲 . 2003. 基于指数方法的中国劳动生产率增长实证分析 . 统计研究，1：26-28.

王小鲁，樊纲 . 2004. 中国地区差距的变动趋势和影响因素 . 经济研究，1：33-44.

许召元，李善同 . 2006. 近年来中国地区差距的变化趋势 . 经济研究，7：106-116.

许垚 . 2005. 中国区域劳动生产率的研究存在趋同吗？——一个基于产业劳动生产率的实证研究 . 南开经济研究，1：55-60.

杨文举，龙睿赟 . 2007. 中国区域劳动生产率趋同或趋异的非参数分析 . 科学经济社会，1：54-57.

Barff R A，Knight P L. 1988. The role of federal military spending in the timing of the New England employment turnaround. Papers of the Regional Science Association，65：151-166.

Caves D W，Christensen L R，Diewert W E. 1982. Multilateral comparisons of output，input，and producitivity using superlative index numbers. The Economic Journal，92：73-86.

Davies S W，Lyons B R. 1991. Characterising relative performance：the productivity advantage of foreign owned firms in the UK. Oxford Economic Papers, New Series, 43(4): 584-595.

Dunn E S. 1960. A statistical and analytical technique for regional analysis. Papers and Proceedings of the Regional Science Association, 6: 97-112.

Elteto O, Koves P. 1964. One index computation problem of international comparisons. Statisztikai Szemle, 7: 507-518.

Esteban J. 1972. A reinterpretation of shift-share analysis. Regional and Urban Economic, 2 (3): 249-261.

Fox J K. 2006. A method for transitive and additive multilateral comparisons: a transitive bennet indicator. Journal of Economics, 87(1): 73-87.

Geary R G. 1958. A note on comparisons of exchange rates and purchasing power between countries. Journal of the Royal Statistical Society, Series A: 97-99.

Khamis S H. 1972. A new system of index numbers for national and international purposes. Journal of the Royal Statistical Society, Series A, 135(1): 96-121.

Leontief W. 1989. Input-output data base for analysis of technological change. Economic Systems Research, 1: 287-295.

Sen A. 1973. On Economic Inequality. Oxford: Oxford University Press.

Slyvie D. 2001. Infrastructure development and economic growth: an exploration for regional disparity in China. China Economic Review, 11: 246-261.

Szulc B. 1964. Indices for multiregional comparisons. Przeglad Statystyzcny, 3: 239-254.

Timmer M P, Szirmai A. 2000. Productivity growth in Asian manufacturing: the structural bonus hypothesis examined. Structural Change and Economic Dynamics, 11(4): 371-391.

第7章

中国 ICT 产业的区域发展差异研究

加入世界贸易组织(World Trade Organization，WTO)之后，我国信息和通信技术(information and communication technology，ICT) 产业发展十分迅速，目前我国已成为世界三大 ICT 产品出口国之一。ICT 产业对促进经济增长起到了重要的驱动作用。但与此同时，我国 ICT 产业的分布存在着明显的区域集聚(agglomeration)特征，这将影响区域经济增长的模式，并对减小区域增长差异起到一定的负面作用。目前对 ICT 产业集聚的研究主要停留在微观层面，多采用案例研究(case study)的方法对特定区域的 ICT 集聚进行分析，整体来说，缺乏针对于 ICT 产业，特别是 ICT 服务业，从中观区域层面的研究。本章提出了基于最小生成树理论的结构分解方法，将传统的结构分解方法改造成了适用于多区域比较的模型，有效减少了由于分解模型不唯一导致的分解结果差异较大的问题。基于 2002 年各地区的 IO 表，本章对我国 ICT 产业的区域专业化差异及其形成原因进行实证分析。

7.1 中国 ICT 产业的区域分布特点

7.1.1 ICT 产业的界定

随着 20 世纪 60 年代信息经济的产生，逐渐出现了信息产业(information technology，IT)的概念，特指与计算机技术及与之高度相关的微电子技术和软件技术相关的产业。80 年代以后，随着计算机技术与通信技术的融合，以及之后互联网的应用与普及，信息产业的内涵逐渐拓展，开始包括通信技术、互联网等相关产业。美国联邦政府在 1997 年的工作报告中首次提出了 ICT 的概念，但对于 ICT 产业的界定，各国至今都未达成统一。从目前主要的分类方式来看，各国对 ICT 产业分类的差别主要集中在与信息通信技术相关的制造业和服务业上。1997 年美国、加拿大、墨西哥三国制定的《北美产业分类体系》(NAICS)将出版业、电影和音像业、广播电视和电信业、信息和数据处理服务业均界定为 ICT 产业；经济合作与发展组织(Organization for Economic Co-operation and Development，OECD)则将信息和通信技术制造业和服务业，如制造业中的办公用、会计用电子设备、计算机器件、电子管和显像管、电视、无线电发射机、有线电话和电报设备、音像录放装置及相关元器件、工业加工控制设备、服务业中与电子机械、办公机器、电信和计算机有关的出租、活动等均归类为 ICT 产业[①]；2002 年，联合国统计委员会以 NAICS 和 OECD 的分类为基础，将信息和通信技术制造业、信息和通信技术贸易及信息和通信技术服务业均归为 ICT 产业(《统计上划分信息相关产业暂行规定》，国家统计局政策法规)。

由于中国信息产业起步较晚，并且缺乏统一标准，因此长期以来，关于中国 ICT 产业的界定范围并未达成一致意见。2004 年，国家统计局颁布了《统计上划分信息相关产业暂行规定》，该规定是以国家标准 GB/T4754—2002《国民经济行业分类》为基础，主要参考联合国《ISIC/Rev. 3.1》中的"信息业"和"信息和通信技术"两个相关分类，并结合中国的实际情况而制定的。在该暂行规定中，信息相关产业主要是指与电子信息相关联的各种活动的集合，包括电子信息设备制造、电子信息设备销售和租赁、电子信息传输服务、计算机服务和软件业、其他信息相关服务 5 大类 20 个细类；其中除"其他信息相关服务"外，我国划分的前 4 个大类与联合国的"信息和通信技术"分类基本吻合。对应到我国 2002 年 42 个部门的 IO 表，在本章中，我们将第 19 个部门"通信设备、计算机及其他电子设备制造业"(以下简称 ICT 制造业)及第 29 个部门"信息传输、计算机服务和软件业"(以下简称 ICT 服务业)定义为 ICT 产业。

需要指出的是，出于数据获取性等方面的原因，目前我国对于 ICT 产业的研究多集中在计算机或电子信息设备制造业上(Meng and Li，2002；Wang and Lin，2008；施莉和胡培，2008；孙琳琳，2012)，对于 ICT 服务业的研究还相应较少。地区 IO 表的数据应用正好很好地弥补了这一缺陷。

7.1.2　中国各地区 ICT 产业的区位商分析

我国 ICT 产业的分布存在着明显的区域集聚特征，如计算机及通信设备制造业主要集中在广东和天津，软件业主要集中在北京。目前的文献里有多种指标可用于测度产业的区域集聚程度，如 Hoover 系数、Ellison-Glaeser 指数(以下简

称 E-G 指数)、Gini 系数等(Bickenbach and Bode,2008)。这些指数多从宏观层面描述整个目标地区(如全中国),关注产业存在多大程度上的区域集聚。为更好地确定 ICT 产业在我国各地区是否存在集聚,本章采用了区位商指标(location quotients,LQ)来描述各地区 ICT 产业的集聚程度。

区位商也称为区域规模优势指数或区域专门化率,表示该地区某一产业的规模水平和专业化程度。它定义为目标产业目标地区产值份额与该产业全国产值份额的比值

$$\mathrm{LQ}_i^r = \frac{x_i^r \Big/ \sum_i x_i^r}{x_i^n \Big/ \sum_i x_i^n} \tag{7.1}$$

其中,x_i^r 为 r 地区 i 产业的产出值;n 代表全国;x_i^n 为全国 i 产业的产出值。当 $\mathrm{LQ}_i^r > 1$ 时,表明该地区该产业具有比较优势,一定程度上显示出该产业较强的竞争力;当 $\mathrm{LQ}_i^r < 1$ 时,表明该地区该产业处于比较劣势,竞争力较弱。相应地,也可以根据产业销售收入、企业数量、企业从业人数来计算区位商。但由于我国目前对于 ICT 服务业的统计还很不完善,如各地区的从业人员、销售收入等数据均难以找到,我们采用了 2002 年各地区 IO 表中的总产出数据来计算各地区 ICT 产业(包括制造业和服务业)的区位商指标。图 7.1 给出了 2002 年我国部分地区 ICT 产业的区位商数值,为便于比较,各地区的人均 GDP 也作为反映该地区经济发展水平的基准指标被列入图中。

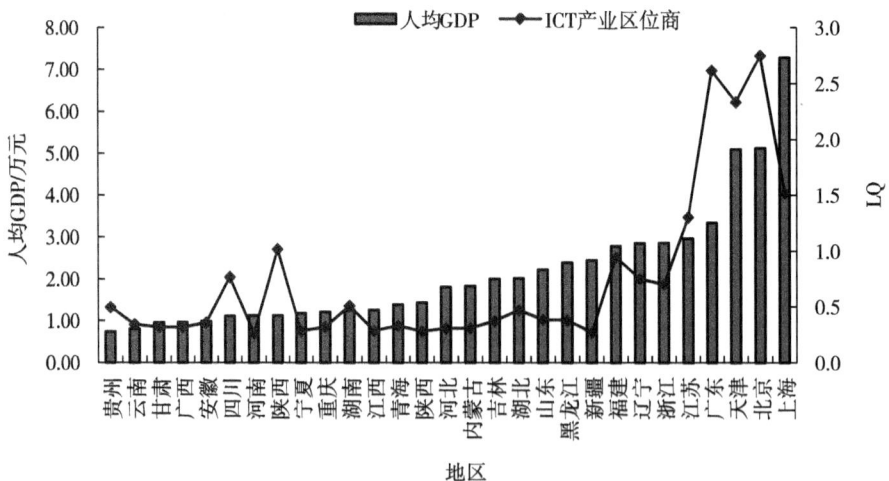

图 7.1 我国 ICT 产业的区域专业化程度

从图 7.1 中可以看出,北京的 ICT 产业专门化程度是最高的,为 2.75;广东和天津紧随其后,分别为 2.62 和 2.34。如前所述,前者的高区位商主要归因

为软件业和计算机服务业的高度集聚；后者的高区位商则主要源于通信器材、计算机和电子设备制造业的集聚，且广东主要以台资 ICT 企业的加工贸易生产为主，天津则以外资企业电子元器件的加工生产为主。上海和江苏也有较高的区位商，均在 1.25 以上，它们也是众多外资 ICT 企业及其元器件生产上的集聚地。其他地区的区位商基本在 1 以下，这说明我国 ICT 产业的分布具有高度集聚的特征，各区域发展十分不平衡。

另外，我国 ICT 产业的地区专业化程度与该地区的经济发展水平并没有特别绝对的联系。人均 GDP 最高的上海，其 ICT 产业区位商要远低于天津及广东；另外，人均 GDP 较低的陕西和四川，反而有较高的 ICT 产业区位商，其区位商均接近于 1，甚至高于大量东部沿海省份，如福建、浙江和辽宁。这说明我国 ICT 产业的区域分布并不完全是由经济发达程度和地理区位优势决定的，有必要进一步研究探讨其形成的原因。

7.2　基于最小生成树理论的空间结构分解模型

7.2.1　传统空间结构分解模型及其问题

SDA 模型是投入产出技术领域的一种主流经济分析工具，目前已被广泛应用于经济增长（Chen and Guo，2000）、贸易（Kanemitsu and Ohnishi，1989）、劳动力（Han，1995）、价格（Fujikawa and Milana，2002）、能源（Lin and Polen-ske，1995；Mukhopahyay and Chakraborty，1999）和环境（de Haan，2001）等多方面的经济分析研究中。SDA 模型的核心思想是将经济系统中某因变量的变动分解为其组成的各独立自变量各种形式变动的和以测度各自变量对因变量变动贡献的大小。近年来，随着投入产出技术在区域经济分析中的重要作用，SDA 模型的应用也逐步扩展到了地区层面，发展出了空间 SDA 模型，用于分析区域内和区域间的经济差异。Oosterhaven 和 van der Linden(1997)基于六个欧洲国家的 1975 年和 1985 年的 IO 表，运用空间 SDA 模型，根据贸易形式转变及各自国内生产结构变化，讨论收入变动的来源。Dietzenbacher 等（2000）将 1975～1985 年六个欧洲国家劳动生产率发展分解为六个来源。Hitomi 等（2000）运用日本九个地区 1980 年、1985 年及 1990 年的 IO 表讨论了地区产出增长的来源。Kagawa 和 Inamura(2004)采用空间 SDA 模型，分析了中日两国的生产结构对各自能源需求的作用。空间 SDA 模型在地区间经济差异的分析中起到了越来越重要的作用。但正如 Dietzenbacher 和 Los(1998)指出的那样，SDA 模型存在的最大问题就是测算结果的不唯一性，对于由 n 个独立自变量组成的因变量而言，各自变量的变动贡献测算存在着 $n!$ 种方式。而地区间经济通常存在着比同一经济体的时序比较更大的差异，这种测算结果的不唯一性将会极大地影响空间 SDA 模型的实际应用。另外，对于三个以上地区间的空间比较，也存在着不满足地区间传递性的问题。

以投入产出模型的最简单情形 $\boldsymbol{X} = \tilde{\boldsymbol{B}} \boldsymbol{F}$ 为例，其中，$\boldsymbol{X}$、$\tilde{\boldsymbol{B}}$ 和 $\boldsymbol{F}$ 分别表示总产出向量、列昂惕夫逆矩阵和最终需求向量。下标 1、2 分别表示地区 1 和地区 2，为定量测算两个地区列昂惕夫逆矩阵和最终需求对总产出差异的影响，有

$$\boldsymbol{X}_2 - \boldsymbol{X}_1 = \boldsymbol{B}_2 \boldsymbol{F}_2 - \boldsymbol{B}_1 \boldsymbol{F}_1$$
$$= (\boldsymbol{B}_2 - \boldsymbol{B}_1) \boldsymbol{F}_2 + \boldsymbol{B}_1 (\boldsymbol{F}_2 - \boldsymbol{F}_1) \tag{7.1}$$
$$= (\boldsymbol{B}_2 - \boldsymbol{B}_1) \boldsymbol{F}_1 + \boldsymbol{B}_2 (\boldsymbol{F}_2 - \boldsymbol{F}_1) \tag{7.2}$$

令 $\Delta \boldsymbol{X} = \boldsymbol{X}_2 - \boldsymbol{X}_1$，$\Delta \boldsymbol{B} = \boldsymbol{B}_2 - \boldsymbol{B}_1$，$\Delta \boldsymbol{F} = \boldsymbol{F}_2 - \boldsymbol{F}_1$，则 $\Delta \boldsymbol{X}$ 表示两地区间的总产出差；$\Delta \boldsymbol{B}$ 和 $\Delta \boldsymbol{F}$ 分别表示两地区间列昂惕夫逆矩阵和最终产出向量的差异。由此，两地区间的产出差异可以分解为 $\Delta \boldsymbol{B}$ 或 $\Delta \boldsymbol{F}$ 的作用，即有

$$\Delta \boldsymbol{X} = \Delta \boldsymbol{B} \cdot \boldsymbol{F}_1 + \boldsymbol{B}_1 \cdot \Delta \boldsymbol{F} + \Delta \boldsymbol{B} \cdot \Delta \boldsymbol{F}$$
$$= \Delta \boldsymbol{B} \cdot \boldsymbol{F}_2 + \Delta \boldsymbol{B}_1 \cdot \Delta \boldsymbol{F} \tag{7.3}$$
$$= \Delta \boldsymbol{B} \cdot \boldsymbol{F}_1 + \boldsymbol{B}_2 \cdot \Delta \boldsymbol{F} \tag{7.4}$$
$$= E\_B + E\_F$$

式 (7.3) 和式 (7.4) 给出了列昂惕夫逆矩阵差异和最终需求差异对总产出差异影响的两种测算方式。以自变量 $\boldsymbol{B}$ 差异对因变量 $\boldsymbol{X}$ 变动的影响 E_B 为例，可以 $\Delta \boldsymbol{B} \cdot \boldsymbol{F}_1$ 测算，即以地区 1 的最终产出向量 $\boldsymbol{F}_1$ 为基准，两地区的列昂惕夫逆矩阵差异 $\Delta \boldsymbol{B}$ 引起的最终产出差异被计为 E_B。同样地，以地区 2 的最终产出向量 $\boldsymbol{F}_2$ 为基准，$\Delta \boldsymbol{B} \cdot \boldsymbol{F}_2$ 也可以测算两地区列昂惕夫逆矩阵差异引起的最终产出差异 E_B。从经济意义上说，正如选取基期和报告期作为基准权重时，价格指数存在拉式和帕式两种不同的计算方式一样，基准地区的选取同样会直接影响 E_B 的测算结果，这就形成了 SDA 模型的测算结果不唯一问题。Dietzenbaher 和 Los（1998）曾经证明，对于由 n 个独立自变量表示的因变量，各自变量的影响有 $n!$ 种测算方式。

与此同时，将传统空间 SDA 模型用于实证测算三个以上地区的差异及其组成原因时，还存在不满足传递性的问题。由式 (7.3) 和式 (7.4) 可以知道，地区 2 和地区 1 的总产出差异可以分解为 $\boldsymbol{X}_2 - \boldsymbol{X}_1 = E\_B_{21} + E\_F_{21}$。类似地，我们有地区 3 和地区 2 的总产出差异为 $\boldsymbol{X}_3 - \boldsymbol{X}_2 = E\_B_{32} + E\_F_{32}$。很明显 $\boldsymbol{X}_3 - \boldsymbol{X}_1 = (\boldsymbol{X}_3 - \boldsymbol{X}_2) + (\boldsymbol{X}_2 - \boldsymbol{X}_1)$，即地区 3 与地区 1 的总产出差异可以通过地区 3 与地区 2、地区 2 与地区 1 之间相互比较的和得到。传递性要求各因子差异也满足这一性质，即满足 $E\_B_{31} = E\_B_{32} + E\_B_{21}$，$E\_F_{31} = E\_F_{32} + E\_F_{21}$。当分析多地区间的变量差异时，传递性是必须要满足的性质之一。但以式 (7.1) 的

$E \_ \boldsymbol{B}$ 因子为例，我们有

$$E \_ \boldsymbol{B}_{31} = (\boldsymbol{B}_3 - \boldsymbol{B}_1) \cdot \boldsymbol{F}_3$$
$$E \_ \boldsymbol{B}_{32} = (\boldsymbol{B}_3 - \boldsymbol{B}_2) \cdot \boldsymbol{F}_3 \qquad (7.5)$$
$$E \_ \boldsymbol{B}_{21} = (\boldsymbol{B}_2 - \boldsymbol{B}_1) \cdot \boldsymbol{F}_2$$

显然，$E \_ \boldsymbol{B}_{31} \neq E \_ \boldsymbol{B}_{32} + E \_ \boldsymbol{B}_{21}$。同样地，$E \_ \boldsymbol{F}$ 也不满足传递性。由此，存在 3 个地区时，若分解地区 1 和地区 3 之间的产出差异且满足差异性时，$E \_ \boldsymbol{B}$ 可以以 $E \_ \boldsymbol{B}_{31}$ 测算，同样也可以以 $E \_ \boldsymbol{B}_{32} + E \_ \boldsymbol{B}_{21}$ 测算。当存在 n 个地区时，不满足传递性将使两地区总产出差异分解时各自变量的贡献测算存在 2^{n-2} 种测算结果。测算结果的不同将极大地影响各因素对总产出差异贡献程度的分解，从而不能很好地用于分析多地区间的经济差异问题。

7.2.2　基于生成树理论的空间结构分解模型

目前，已有大量研究通过提出一种新的指数方式，来解决 SDA 模型测算结果的不一致问题，Zhang 和 Ang（2001）借鉴 Divisia 指数形式，建立了相应形式的 SDA 模型，Alcantara 和 Duarte（2004）、de Boer（2008）分别借鉴 Geary-Khamis 指数和 Montgomery 指数形式，建立了相应形式的 SDA 模型。Fernandez-Vazquez 等（2008）证明，SDA 模型的不唯一性来源于交互影响的分配方式，不同指数形式的 SDA 模型只是采用了不同的权重将交互影响的作用分配到不同自变量上。以一个最简单的两自变量模型为例，若 $z = x \times y$，且所有变量都为单变量，将 x 为横轴，y 为纵轴，则 z 可由 x、y 的面积表示。并假设共有 3 个地区，则地区 3 和地区 1 的 z 变量差异可以表示为 $\Delta x_{31} = z_3 - z_1$。假设最简单的情形，即 $z_3 > z_1$，Δz_{31} 可以表示为

$$\Delta z_{31} = \Delta x_{3-1} \cdot y_3 + x_1 \cdot \Delta y_{3-1} \qquad (7.6)$$
$$= \Delta x_{3-1} \cdot y_1 + x_3 \cdot \Delta y_{3-1} \qquad (7.7)$$

式（7.6）和式（7.7）即为 SDA 结果的两种形式，将其还原为有交互项存在的形式，则有

$$\Delta z = \Delta x_{3-1} \cdot y_1 + x_1 \cdot \Delta y_{3-1} + x_{3-1} \cdot \Delta y_{3-1} \qquad (7.8)$$

其中，交互项 $\Delta x_{3-1} \cdot \Delta y_{3-1}$ 的存在导致了测算结果的不一致，式（7.6）将交互项归为了 Δx 的影响，而式（7.7）将交互项归为 Δy 的影响。本章认为，地区 1 和地区 3 之间的交互项，可以通过选取合适的地区 2 作为比较中介而减小，从而降低不同测算结果间的差异程度。如图 7.2 所示，假设地区 2 有 $x_3 > x_2 > x_1$，$y_3 > y_2 > y_1$，当以地区 2 作为地区 1 和地区 3 的比较中介时，交互项变成了 $\Delta x_{2-1} \cdot \Delta y_{2-1} + \Delta x_{3-2} \cdot \Delta y_{3-2}$。引入合适的比较中介使交互项的面积有极大程度的减小。

图 7.2 给出了两单变量模型中，引入比较中介是如何减小 SDA 模型的测算结果差异的，该原理可以很容易地推广至多维多变量模型。与此同时，通过引入

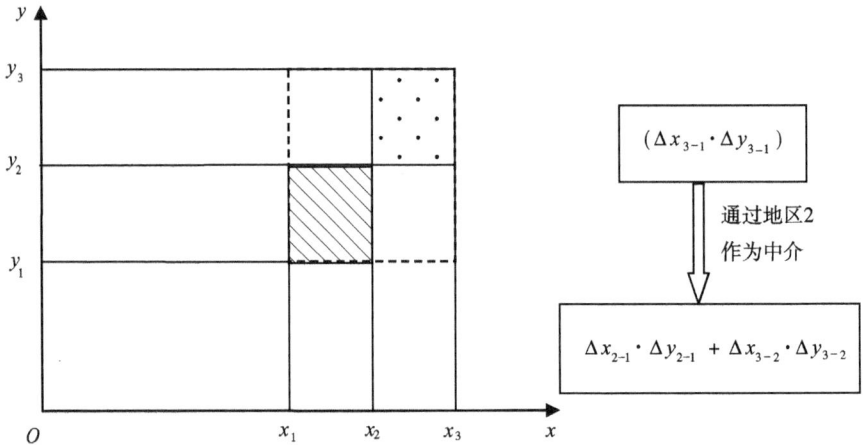

图 7.2　交互项对测算结果不一致的影响

比较中介，n 个地区($n>3$)不满足传递性的问题也可以得到解决。

7.2.3　基于最小生成树理论的空间结构分解模型

对于多维多变量的空间 SDA 模型，比较中介地区的选择是降低交互项对 SDA 测算结果不一致影响的关键。以 ICT 产业区位商的五变量 SDA 模型为例，本节将示范如何定义变异指标，并建立多地区空间 SDA 模型的最小生成树（minimun spanning tree，MST），以减小空间 SDA 模型的测算结果不一致对模型应用的影响。

1. 结构分解模型的 PLS 定义

基于我国 2002 年 42 个部门传统 IO 表的表式，并将最终需求区分为本地或外部需求及本部门需求或其他部门需求，则以 ICT 产业(包括 ICT 制造业和 ICT 服务业两个子部门)为例，其部门总产出可以表示为

$$X_{\text{ICT}} = \boldsymbol{I} \cdot \boldsymbol{B}_{\text{ICT}} (\tilde{\boldsymbol{F}}^{d,\text{ICT}} + \tilde{\boldsymbol{F}}^{d,R} + \tilde{\boldsymbol{F}}^{e,\text{ICT}} + \tilde{\boldsymbol{F}}^{e,R}) \tag{7.9}$$

其中，$\boldsymbol{I}$ 为 1×2 的向量，其元素值为 1；$\boldsymbol{B}_{\text{ICT}}$ 为 2×42 的矩阵，其行元素为 ICT 制造业和 ICT 服务业的列昂惕夫逆矩阵数值；$\boldsymbol{F}$ 为 42×1 的向量，表示最终需求，并被进一步区分为 ICT 产业的本地需求 $\tilde{\boldsymbol{F}}^{d,\text{ICT}}$，其他产业的本地需求 $\tilde{\boldsymbol{F}}^{d,R}$，ICT 产业的外部需求 $\tilde{\boldsymbol{F}}^{e,\text{ICT}}$，其他产业的外部需求 $\tilde{\boldsymbol{F}}^{e,R}$。以 $\tilde{\boldsymbol{F}}^{d,\text{ICT}}$ 向量为例，其定义为 ICT 制造业和 ICT 服务业的对应行定义为相应的本地需求数值，其他行数值为 0。其他最终需求变量有类似的定义。

由于地区间 ICT 产业的规模不具有可比性，我们首先将式(7.9)两边都除以该地区的总产出，得到该地区 ICT 产业在本地总产出中的比例为

$$\text{LQ}_{\text{ICT}} = \frac{X_{\text{ICT}}}{\text{TX}} = \boldsymbol{I} \cdot \boldsymbol{B}_{\text{ICT}} \cdot \frac{(\tilde{\boldsymbol{F}}^{d,\text{ICT}} + \tilde{\boldsymbol{F}}^{d,R} + \tilde{\boldsymbol{F}}^{e,\text{ICT}} + \tilde{\boldsymbol{F}}^{e,R})}{\text{TX}}$$

$$= \boldsymbol{I} \cdot \boldsymbol{B}_{\mathrm{ICT}} \cdot (\tilde{\boldsymbol{S}}^{d,\mathrm{ICT}} + \tilde{\boldsymbol{S}}^{d,R} + \tilde{\boldsymbol{S}}^{e,\mathrm{ICT}} + \tilde{\boldsymbol{S}}^{e,R}) \tag{7.10}$$

其中，$\tilde{\boldsymbol{S}}$ 向量为与最终需求 $\boldsymbol{Y}$ 向量对应的比重向量。

对地区 r 和地区 k，我们将其 ICT 产业的比重，也即 r 地区和 k 地区 ICT 专业化水平进行比较，有

$$
\begin{aligned}
\frac{\mathrm{LQ}^r}{\mathrm{LQ}^k} &= \frac{\boldsymbol{I} \cdot \boldsymbol{B}_{\mathrm{ICT}}^r \cdot (\tilde{\boldsymbol{S}}_{d,\mathrm{ICT}}^r + \tilde{\boldsymbol{S}}_{d,R}^r + \tilde{\boldsymbol{S}}_{e,\mathrm{ICT}}^r + \tilde{\boldsymbol{S}}_{e,R}^r)}{\boldsymbol{I} \cdot \boldsymbol{B}_{\mathrm{ICT}}^k \cdot (\tilde{\boldsymbol{S}}_{d,\mathrm{ICT}}^k + \tilde{\boldsymbol{S}}_{d,R}^k + \tilde{\boldsymbol{S}}_{e,\mathrm{ICT}}^k + \tilde{\boldsymbol{S}}_{e,R}^k)} \\
&= \frac{\boldsymbol{I} \cdot \boldsymbol{B}_{\mathrm{ICT}}^r \cdot (\tilde{\boldsymbol{S}}_{d,\mathrm{ICT}}^k + \tilde{\boldsymbol{S}}_{d,R}^k + \tilde{\boldsymbol{S}}_{e,\mathrm{ICT}}^k + \tilde{\boldsymbol{S}}_{e,R}^k)}{\boldsymbol{I} \cdot \boldsymbol{B}_{\mathrm{ICT}}^k \cdot (\tilde{\boldsymbol{S}}_{d,\mathrm{ICT}}^k + \tilde{\boldsymbol{S}}_{d,R}^k + \tilde{\boldsymbol{S}}_{e,\mathrm{ICT}}^k + \tilde{\boldsymbol{S}}_{e,R}^k)} \\
&\quad \times \frac{\boldsymbol{I} \cdot \boldsymbol{B}_{\mathrm{ICT}}^r \cdot (\tilde{\boldsymbol{S}}_{d,\mathrm{ICT}}^r + \tilde{\boldsymbol{S}}_{d,R}^k + \tilde{\boldsymbol{S}}_{e,\mathrm{ICT}}^k + \tilde{\boldsymbol{S}}_{e,R}^k)}{\boldsymbol{I} \cdot \boldsymbol{B}_{\mathrm{ICT}}^r \cdot (\tilde{\boldsymbol{S}}_{d,\mathrm{ICT}}^k + \tilde{\boldsymbol{S}}_{d,R}^k + \tilde{\boldsymbol{S}}_{e,\mathrm{ICT}}^k + \tilde{\boldsymbol{S}}_{e,R}^k)} \\
&\quad \times \frac{\boldsymbol{I} \cdot \boldsymbol{B}_{\mathrm{ICT}}^r \cdot (\tilde{\boldsymbol{S}}_{d,\mathrm{ICT}}^r + \tilde{\boldsymbol{S}}_{d,R}^r + \tilde{\boldsymbol{S}}_{e,\mathrm{ICT}}^k + \tilde{\boldsymbol{S}}_{e,R}^k)}{\boldsymbol{I} \cdot \boldsymbol{B}_{\mathrm{ICT}}^r \cdot (\tilde{\boldsymbol{S}}_{d,\mathrm{ICT}}^r + \tilde{\boldsymbol{S}}_{d,R}^k + \tilde{\boldsymbol{S}}_{e,\mathrm{ICT}}^k + \tilde{\boldsymbol{S}}_{e,R}^k)} \\
&\quad \times \frac{\boldsymbol{I} \cdot \boldsymbol{B}_{\mathrm{ICT}}^r \cdot (\tilde{\boldsymbol{S}}_{d,\mathrm{ICT}}^r + \tilde{\boldsymbol{S}}_{d,R}^r + \tilde{\boldsymbol{S}}_{e,\mathrm{ICT}}^r + \tilde{\boldsymbol{S}}_{e,R}^k)}{\boldsymbol{I} \cdot \boldsymbol{B}_{\mathrm{ICT}}^r \cdot (\tilde{\boldsymbol{S}}_{d,\mathrm{ICT}}^r + \tilde{\boldsymbol{S}}_{d,R}^r + \tilde{\boldsymbol{S}}_{e,\mathrm{ICT}}^k + \tilde{\boldsymbol{S}}_{e,R}^k)}
\end{aligned}
\tag{7.11}
$$

类似地，由于存在不同的测算方程，地区 r 和地区 k 的比较也可以计算为

$$
\begin{aligned}
\frac{\mathrm{LQ}^r}{\mathrm{LQ}^k} &= \frac{\boldsymbol{I} \cdot \boldsymbol{B}_{\mathrm{ICT}}^r \cdot (\tilde{\boldsymbol{S}}_{d,\mathrm{ICT}}^r + \tilde{\boldsymbol{S}}_{d,R}^r + \tilde{\boldsymbol{S}}_{e,\mathrm{ICT}}^r + \tilde{\boldsymbol{S}}_{e,R}^r)}{\boldsymbol{I} \cdot \boldsymbol{B}_{\mathrm{ICT}}^k \cdot (\tilde{\boldsymbol{S}}_{d,\mathrm{ICT}}^k + \tilde{\boldsymbol{S}}_{d,R}^k + \tilde{\boldsymbol{S}}_{e,\mathrm{ICT}}^k + \tilde{\boldsymbol{S}}_{e,R}^k)} \\
&= \frac{\boldsymbol{I} \cdot \boldsymbol{B}_{\mathrm{ICT}}^r \cdot (\tilde{\boldsymbol{S}}_{d,\mathrm{ICT}}^r + \tilde{\boldsymbol{S}}_{d,R}^r + \tilde{\boldsymbol{S}}_{e,\mathrm{ICT}}^r + \tilde{\boldsymbol{S}}_{e,R}^r)}{\boldsymbol{I} \cdot \boldsymbol{B}_{\mathrm{ICT}}^k \cdot (\tilde{\boldsymbol{S}}_{d,\mathrm{ICT}}^r + \tilde{\boldsymbol{S}}_{d,R}^r + \tilde{\boldsymbol{S}}_{e,\mathrm{ICT}}^r + \tilde{\boldsymbol{S}}_{e,R}^r)} \\
&\quad \times \frac{\boldsymbol{I} \cdot \boldsymbol{B}_{\mathrm{ICT}}^k \cdot (\tilde{\boldsymbol{S}}_{d,\mathrm{ICT}}^r + \tilde{\boldsymbol{S}}_{d,R}^r + \tilde{\boldsymbol{S}}_{e,\mathrm{ICT}}^r + \tilde{\boldsymbol{S}}_{e,R}^r)}{\boldsymbol{I} \cdot \boldsymbol{B}_{\mathrm{ICT}}^k \cdot (\tilde{\boldsymbol{S}}_{d,\mathrm{ICT}}^k + \tilde{\boldsymbol{S}}_{d,R}^r + \tilde{\boldsymbol{S}}_{e,\mathrm{ICT}}^r + \tilde{\boldsymbol{S}}_{e,R}^r)} \\
&\quad \times \frac{\boldsymbol{I} \cdot \boldsymbol{B}_{\mathrm{ICT}}^k \cdot (\tilde{\boldsymbol{S}}_{d,\mathrm{ICT}}^k + \tilde{\boldsymbol{S}}_{d,R}^r + \tilde{\boldsymbol{S}}_{e,\mathrm{ICT}}^r + \tilde{\boldsymbol{S}}_{e,R}^r)}{\boldsymbol{I} \cdot \boldsymbol{B}_{\mathrm{ICT}}^k \cdot (\tilde{\boldsymbol{S}}_{d,\mathrm{ICT}}^k + \tilde{\boldsymbol{S}}_{d,R}^k + \tilde{\boldsymbol{S}}_{e,\mathrm{ICT}}^r + \tilde{\boldsymbol{S}}_{e,R}^r)} \\
&\quad \times \frac{\boldsymbol{I} \cdot \boldsymbol{B}_{\mathrm{ICT}}^k \cdot (\tilde{\boldsymbol{S}}_{d,\mathrm{ICT}}^k + \tilde{\boldsymbol{S}}_{d,R}^k + \tilde{\boldsymbol{S}}_{e,\mathrm{ICT}}^r + \tilde{\boldsymbol{S}}_{e,R}^r)}{\boldsymbol{I} \cdot \boldsymbol{B}_{\mathrm{ICT}}^k \cdot (\tilde{\boldsymbol{S}}_{d,\mathrm{ICT}}^k + \tilde{\boldsymbol{S}}_{d,R}^k + \tilde{\boldsymbol{S}}_{e,\mathrm{ICT}}^r + \tilde{\boldsymbol{S}}_{e,R}^k)}
\end{aligned}
\tag{7.12}
$$

对于五变量的 SDA 模型而言，其分解存在着 5! $=120$ 种方式。若将各变量差异的效应分别记为 E_B、$E_{S,dI}$、$E_{S,dR}$，$E_{S,eI}$ 和 $E_{S,eR}$。则对 E_B 而言，式(7.11)的定义可以记为 E_B_1，式(7.12)的定义可以记为 E_B_2，还存在 118 种测算方式，可

分别记为 E_B_3，…，E_B_120。由此，借鉴指数中的帕式-拉式偏离指数（pasche-laspeyres spread，PLS）定义，对 E_B，其测算结果的偏离程度可以定义为

$$\mathrm{PLS}_{rk}^{B}=\log\left[\frac{\max(\mathrm{EB}\_1,\ \cdots,\ \mathrm{EB}\_120)}{\min(\mathrm{EB}\_1,\ \cdots,\ \mathrm{EB}\_120)}\right] \tag{7.13}$$

类似地，其他四个自变量的测算结果偏离程度也可以定义为

$$\mathrm{PLS}_{rk}^{S,dI}=\log\left[\frac{\max(\mathrm{ES}_{dI}\_1,\ \cdots,\ \mathrm{ES}_{dI}\_120)}{\min(\mathrm{ES}_{dI}\_1,\ \cdots,\ \mathrm{ES}_{dI}\_120)}\right] \tag{7.14}$$

$$\mathrm{PLS}_{rk}^{S,dR}=\log\left[\frac{\max(\mathrm{ES}_{dR}\_1,\ \cdots,\ \mathrm{ES}_{dR}\_120)}{\min(\mathrm{ES}_{dR}\_1,\ \cdots,\ \mathrm{ES}_{dR}\_120)}\right] \tag{7.15}$$

$$\mathrm{PLS}_{rk}^{S,eI}=\log\left[\frac{\max(\mathrm{ES}_{eI}\_1,\ \cdots,\ \mathrm{ES}_{eI}\_120)}{\min(\mathrm{ES}_{eI}\_1,\ \cdots,\ \mathrm{ES}_{eI}\_120)}\right] \tag{7.16}$$

$$\mathrm{PLS}_{rk}^{S,eR}=\log\left[\frac{\max(\mathrm{ES}_{eR}\_1,\ \cdots,\ \mathrm{ES}_{eR}\_120)}{\min(\mathrm{ES}_{eR}\_1,\ \cdots,\ \mathrm{ES}_{eR}\_120)}\right] \tag{7.17}$$

从而，五变量 SDA 模型的整体测算结果变异程度可以记为

$$\mathrm{PLS}_{rk}=\mathrm{PLS}_{rk}^{B,I}+\mathrm{PLS}_{rk}^{B,R}+\mathrm{PLS}_{rk}^{S,dI}+\mathrm{PLS}_{rk}^{S,dR}+\mathrm{PLS}_{rk}^{S,eI}+\mathrm{PLS}_{rk}^{S,eR} \tag{7.18}$$

2. 基于 PLS 指数的最小生成树构建

当以地区 s 作为地区 r、k 的比较中介时，地区 r、k 间的各因素的影响可以通过将地区 r、s 间和地区 s、k 间的各因素的贡献相乘得到，即有

$$(\mathrm{EB}\_1)_{rk}^{C}=(\mathrm{EB}\_1)_{rs}\cdot(\mathrm{EB}\_1)_{sk}$$
$$(\mathrm{EB}\_2)_{rk}^{C}=(\mathrm{EB}\_2)_{rs}\cdot(\mathrm{EB}\_2)_{sk} \tag{7.19}$$
$$\vdots$$
$$(\mathrm{EB}\_120)_{rk}^{C}=(\mathrm{EB}\_120)_{rs}\cdot(\mathrm{EB}\_120)_{sk}$$

若将存在比较中介时的测算结果 PLS 指数以 C 标志，可以证明此时的 PLS 指数的上限是将 r、s 和 s、k 直接比较时的 PLS 指数之和。证明如下：

$$\begin{aligned}\mathrm{CPLS}_{rk}^{B}&=\log\left[\frac{\max[(\mathrm{EB}\_1)_{rk}^{C},\ \cdots,\ (\mathrm{EB}\_120)_{rk}^{C}]}{\min[(\mathrm{EB}\_1)_{rk}^{C},\ \cdots,\ (\mathrm{EB}_{l}\_120)_{rk}^{C}]}\right]\\[2mm]&=\log\left[\frac{\max[(\mathrm{EB}\_1)_{rs}\cdot(\mathrm{EB}\_1)_{sk},\ \cdots,\ (\mathrm{EB}\_120)_{rs}\cdot(\mathrm{EB}\_120)_{sk}]}{\min[\mathrm{EB}\_1)_{rs}\cdot(\mathrm{EB}\_1)_{sk},\ \cdots,\ (\mathrm{EB}\_120)_{rs}\cdot(\mathrm{EB}\_120)_{sk}]}\right]\\[2mm]&\leqslant\log\left[\frac{\max[(\mathrm{EB}\_1)_{rs},\ \cdots,\ (\mathrm{EB}\_120)_{rs}]\cdot\max[(\mathrm{EB}\_1)_{sk},\ \cdots,\ (\mathrm{EB}\_120)_{sk}]}{\min[(\mathrm{EB}\_1)_{rs},\ \cdots,\ (\mathrm{EB}\_120)_{rs}]\cdot\max[(\mathrm{EB}\_1)_{sk},\ \cdots,\ (\mathrm{EB}\_12O)_{sk}]}\right]\\[2mm]&=\log\left[\frac{\max[(\mathrm{EB}\_1)_{rs},\ \cdots,\ (\mathrm{EB}\_120)_{rs}]}{\min[(\mathrm{EB}\_1)_{rs},\ \cdots,\ (\mathrm{EB}\_120)_{rs}]}\right]+\log\left[\frac{\max[(\mathrm{EB}\_1)_{rs},\ \cdots,\ (\mathrm{EB}\_120)_{rs}]}{\min[(\mathrm{EB}\_1)_{rs},\ \cdots\mathrm{EB}\_120)_{rs}]}\right]\\[2mm]&=\mathrm{PLS}_{rs}^{B}+\mathrm{PLS}_{sk}^{B}\end{aligned} \tag{7.20}$$

当存在三个地区 r、s、k 时，r 和 k 之间的差异分解可以通过直接比较进行测算，也可以通过地区 s 作为比较中介进行测算。通过选择较小的 PLS 指数，可以降低测算结果不一致的偏离程度。具体说来，当对地区 r、k 进行双边比较时，若有 $\mathrm{PLS}_{rk}^{B}\geqslant$

$PLS_{rs}^{B}+PLS_{sk}^{B}\geqslant CPLS_{rs}^{B}$，则可以通过地区 s 作为比较中介，实现测算结果更小的偏离程度；反之，则应该通过直接比较实现较小的偏离程度。而由于 PLS 采用了指数形式定义，因此该属性可以推广为五因素 SDA 模型的整体偏离程度测度，即有

$$CPLS_{rk}=CPLS_{rk}^{B}+CLPS_{rk}^{S,dI}+CPLS_{rk}^{S,dR}+CPLS_{rk}^{S,eI}+CPLS_{rk}^{S,eR} \qquad (7.21)$$

从而，可以通过直接 PLS 和 PLS 加和（间接比较时的 CPLS）的比较，选择整体测算结果变异程度较小的方式作为多地区空间模型中双边比较的基准方式，降低测算结果不一致对空间 SDA 模型应用的影响。

Hill(2001)证明，当存在 $n(n>3)$ 个地区时，可以通过 $n-1$ 个双边比较，形成生成树，实现 n 个地区间可传递的多边比较。而对于 n 个地区，共存在 n^{n-2} 种不同的生成树形式。将 PLS^{rk} 作为生成树的双边比较边长，作为该双边比较的 SDA 结果变异程度的定量测度后，最小生成树可以求解出所有生成树形态中，$n-1$ 个双边比较边长之和最小生成树。与三个地区示例不同的是，针对 n 个地区的最小生成树，可以实现整体所有地区的双边比较偏离程度之和最小，从而在最大程度上降低测算结果不一致对 n 个地区空间 SDA 模型应用的负面影响。

7.3　中国各地区 ICT 产业区位商实证分解

7.3.1　ICT 产业区位商结构分解的最小生成树

基于 2002 年各地区 IO 表，本节基于最小生成树理论对我国各地区 ICT 产业区位商差异进行了结构分解[1]。图 7.3 首先给出了 ICT 产业区位商比较的最小生成树[2]。

基于图 7.3 中的最小生成树，可以通过 23 个双边比较实现 24 个地区间的整体空间比较。相邻地区的比较即为直接的双边比较实现，非相邻地区的比较可以通过相邻地区的多个双边比较实现。以北京(2)与上海(21)的差异分解为例，可以通过北京和广东(2 和 5)，以及广东和上海(5 和 21)的两个双边分解相乘得到。这种方式有效地解决了空间多地区比较中的传递性问题。

从图 7.3 可以看出，地区 ICT 产业专业化程度较高的东部地区，如北京、广东、上海、江苏、天津是连接在一起的；相应地，专业化程度较低的西部地

①　本章中仅包括了 24 个地区。其中，西藏和海南并未编制 2002 年 IO 表，而贵州、四川、重庆、山东和新疆的 2002 年 IO 表由于缺乏调入数据，均未列入比较对象。

②　最小生成树存在多种算法，本章选取 Kruskal 算法作为基准算法，并通过 Matlab 编程实现。

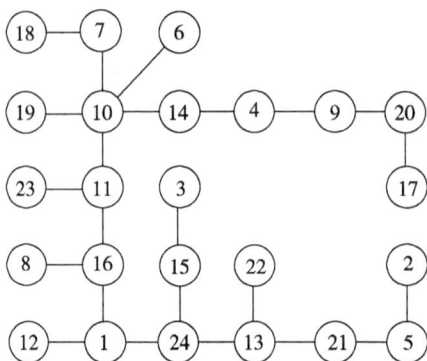

图 7.3　我国 2002 年各地区 ICT 产业空间五因素 SDA 模型的最小生成树

各地区代码为：1＝安徽，2＝北京，3＝福建，4＝甘肃，5＝广东，6＝广西，7＝河北，8＝河南，
9＝黑龙江，10＝湖北，11＝湖南，12＝吉林，13＝江苏，14＝江西，15＝辽宁，16＝内蒙古，17＝宁夏，
18＝青海，19＝陕西，20＝山西，21＝上海，22＝天津，23＝云南，24＝浙江

区，如广西、青海、宁夏等，与专业化程度较高地区的连接，必须通过中部地区
来实现。这与空间 SDA 模型的测算结果不一致的产生原因是密切相关的：专业
化程度类似地区的因变量及其所组成自变量的差异均较小，使交互项的数值也会
相应较小，从而 PLS 及其所表征的各自变量因素贡献的测算结果不一致程度也
会较小，在最小生成树中更易作为直接比较而非间接比较存在。由此，基于
PLS 指数的最小生成树也在一定程度上反映了地区间的专业化程度及其组成因
素的差异。

更重要的是，基于最小生成树的比较可以降低空间 SDA 模型的测算结果不
一致的负面影响。我们以 ICT 产业区位商最高的北京为例，将所有其他地区与
北京的基于生成树的结构分解测算结果的 PLS 与直接双边结构分解的 PLS 进行
比较，其结果如表 7.1 所示。

表 7.1　基于最小生成树的测算结果 PLS 比较（基准地区＝北京）

地区	直接结构分解的 PLS	基于 MST 结构分解的 PLS	地区	直接结构分解的 PLS	基于 MST 结构分解的 PLS
安徽	1.797 2	0.386 7	江苏	0.626 6	0.227 7
北京	—		江西	2.201 2	0.569 6
福建	0.930 5	0.386 4	辽宁	0.905 0	0.266 3
甘肃	1.485 2	0.616 7	内蒙古	2.168 3	0.357 6
广东	0.167 3	0.167 3	宁夏	2.191 6	0.449 6
广西	2.483 0	1.000 2	青海	1.641 5	0.748 9
河北	2.426 1	0.613 6	陕西	0.848 8	0.565 3

续表

地区	直接结构分解的 PLS	基于 MST 结构分解的 PLS	地区	直接结构分解的 PLS	基于 MST 结构分解的 PLS
河南	2.118 3	0.327 1	山西	2.200 9	0.637 9
黑龙江	1.752 2	0.751 9	上海	0.392 2	0.193 4
湖北	1.835 5	0.490 9	天津	0.504 2	0.293 6
湖南	1.534 7	0.465 3	云南	1.771 3	0.532 8
吉林	3.277 0	0.822 6	浙江	0.716 3	0.236 3

以江苏为例，表 7.1 中直接结构分解的 PLS 数值为 0.626 6，表示江苏与北京进行直接结构分解时，120 种测算结果的五变量 PLS 之和为 0.626 6，而基于 MST 的 PLS 数值为 0.227 7。结合图 7.3 可以发现，基于 MST 对江苏和北京（13 和 2）进行结构分解时，其测算结果是通过江苏与上海（13 和 21）、上海与广东（21 和 5）、广东与北京（5 和 2）的 3 个直接比较结果相乘得到的。这说明，当进行江苏和北京的双边比较时，以上海和广东作为比较中介的 SDA 模型测算结果的 PLS 要明显低于直接双边比较的 PLS 结果。对其他所有地区，表 7.1 也给出了类似的结果：将所有地区与北京进行比较时，基于最小生成树的结构分解结果 PLS 要明显低于直接结构分解的 PLS 结果，说明基于最小生成树的结构分解可以有效降低传统 SDA 分解的测算结果不一致问题。

虽然表 7.1 仅以北京作为基准地区，对基于最小生成树降低空间 SDA 模型的测算结果变异程度进行了实证检验。但根据最小生成树的构建原理可以知道，通过选择类似地区作为相邻的双边比较对象，从整体上实现 23 个双边比较的 PLS 之和最小，可以保证 24 个地区之间的两两双边比较之和，是所有生成树（即保证传递性的连接方式）中变异程度最小的。当以其他地区作为基准时，基于 MST 的两地区间比较的测算结果变异程度也应比直接双边比较的测算结果变异程度更小。对于 24 个地区的 24×23＝552 个双边比较的分析也证明了这一点：所有基于最小生成树的五变量 PLS 都与直接双边比较的五变量 PLS 之和持平或更小。

7.3.2　中国各地区 ICT 产业区位商差异的结构分解分析

基于 2002 年各地区 IO 表，本节基于最小生成树理论对我国各地区 ICT 产业区位商差异进行了结构分解①。表 7.2 仍然以 ICT 产业区位商最高的北京为参考地区，对其他各地区的 ICT 产业区位商与北京的差异，基于最小生成树给出

①　本章中仅包括了 24 个地区。其中，西藏和海南并未编制 2002 年 IO 表，而贵州、四川、重庆、山东和新疆的 2002 年 IO 表由于缺乏调入数据，均未列入比较对象。

的比较路径进行了五因素结构分解[①]。

表 7.2　我国各地区 ICT 产业区位商差异的五因素结构分解结果(参考地区＝北京)

地区	LQ^K/LQ^{BJ} ($k=1, \cdots, n-1$)	$E_{B,I}$	$E_{S,dI}$	$E_{S,dR}$	$E_{S,eI}$	$E_{S,eR}$
河南	0.095	0.637	0.735	1.016	0.221	0.904
山西	0.101	0.696	1.168	1.058	0.131	0.902
江西	0.103	0.690	1.026	1.035	0.152	0.922
宁夏	0.103	0.565	1.017	1.042	0.181	0.951
内蒙古	0.112	0.602	0.846	1.046	0.224	0.935
河北	0.112	0.698	0.661	0.995	0.254	0.961
甘肃	0.115	0.653	1.193	1.055	0.153	0.918
广西	0.115	0.786	0.576	1.258	0.234	0.866
青海	0.120	0.741	0.731	1.137	0.233	0.838
云南	0.125	0.814	0.675	1.144	0.216	0.920
安徽	0.130	0.672	0.784	0.974	0.249	1.018
吉林	0.136	0.745	0.721	0.975	0.255	1.019
黑龙江	0.138	1.056	1.336	1.144	0.110	0.775
湖北	0.170	0.973	0.881	1.030	0.212	0.913
湖南	0.184	0.997	0.773	1.054	0.250	0.909
浙江	0.255	0.969	0.843	0.944	0.321	1.032
辽宁	0.274	1.085	0.803	0.996	0.330	0.957
福建	0.345	1.000	1.156	0.985	0.332	0.915
陕西	0.370	0.925	0.884	1.025	0.464	0.952
江苏	0.474	1.002	0.814	0.972	0.644	0.930
上海	0.553	0.972	0.839	0.977	0.696	0.998
天津	0.850	0.799	0.795	0.972	1.379	0.998
广东	0.952	1.095	0.942	0.976	0.947	1.000
均值	0.258	0.834	0.878	1.035	0.356	0.936

注:由于分解方式并不唯一,该表取 120 种分解方式的几何平均值作为最终的分解结果

　　首先需要说明的是,基于最小生成树的空间多边 SDA 模型的比较结果是可传递的。这代表着参考地区的选取不会从根本上影响 SDA 模型的分解结果。仍以表 7.2 为例,虽然该表给出的是所有地区与北京的双边结构分解结果,但由于各因素的分解结果可传递,因此如广东和江苏的区位商差异 SDA 分解,可通过

---

① 最小生成树存在多种算法,本章选取 Kruskal 算法作为基准算法,并通过 Matlab 编程实现。

表 7.2 中广东与北京及江苏与北京的两个双边 SDA 分解结构相除得到。该结果也将与选取安徽、陕西或任意地区为基准地区时,基于最小生成树的区位商差异 SDA 分解推导得出的结果完全一致。就 24 个地区间的区位商差异比较而言,基于最小生成树的 23 个双边 SDA 比较结果即可推导出所有地区间的区位商差异比较结果。

表 7.2 将各地区与北京的 ICT 产业区位商差异进一步分解成 5 个因素。由于北京的 ICT 产业区位商最高,因此各地区与北京的 ICT 产业区位商差异均小于 1,且越接近于 0 表示该区域的 ICT 产业区位商越小。类似地,所分解出的各因素的贡献中,越接近于 1 表示该地区在这一因素上与北京越接近,小于 1 且越接近于 0 表示该地区在这一因素上与北京的差异导致了该地区与北京的 ICT 产业区位商差距越大,大于 1 则表示该地区在这一因素上与北京的差异将导致该地区的 ICT 产业区位商将高于北京。

具体到各因素对 ICT 产业区位商地区差异的贡献,可以看出,ICT 产业本身的外部需求(包括地区外需求和国外需求)是造成各地区 ICT 产业区位商远小于北京的最重要原因。所有 23 个地区与北京的 ICT 产业区位商差异均值为 0.258,由该因素导致的差异贡献 $E_{s,eI}$ 均值即达到 0.356,而其他因素导致的差异贡献均值均在 0.80 以上。如前所述,越接近于 0 表示该因素上各地区与北京的差异越大并最终导致该地区的 ICT 产业区位商远小于北京,这表示我国各地区 ICT 产业的分布差异在很大程度上要归因于外部对于 ICT 产品和服务的需求,特别是出口需求。其他因素如本地的 ICT 产业需求、产业关联差异及外地的其他产业需求也在一定程度上使各地区的 ICT 产业区位商低于北京,其平均效应分别在 0.878、0.834 和 0.936。大部分地区在这些因素上与北京的差距都对这些地区 ICT 产业区位商与北京的差距有正向贡献。值得一提的是,本地的其他产业需求对当地 ICT 区位商的贡献 $E_{s,dR}$ 均值大于 1。这说明对大多数地区而言,在其他因素一致时,该地区通过产业关联,由当地其他产业需求带动的 ICT 产业区位商将高于北京。这也从侧面说明北京的其他产业的最终需求对 ICT 产业的间接带动效应较弱,远低于其他大部分地区,如陕西、安徽等。从表 7.2 中可以看出,地区 ICT 产业区位商的高低基本与本地其他产业需求对当地 ICT 产业区位商的贡献 $E_{s,dR}$ 成反比。这可能代表这些 ICT 产业较发达的地区已经完成了信息化进程,而大部分地区尚处于信息化进程中,因此通过其他产业最终需求带动的 ICT 产业产值较高。

若将本地与外地的最终需求的贡献分别合并,即将本地的 ICT 产业需求和其他产业需求的贡献合并,外地的 ICT 产业需求和其他产业需求的贡献合并,我们可进一步区分本地市场效应和外需效应对 ICT 产业区域发展差异的作用。

表 7.3 将本地市场效应表示为 E_d，将外需效应表示为 E_e，列举了各因素对 ICT 产业区位商差异的贡献。

表 7.3　我国各地区 ICT 产业区位商差异的三因素结构分解结果（参考地区＝北京）

地区	LQ^K/LQ^{BJ} ($k=1, 2, \cdots, n-1$)	$E_{B,I}$	E_d	E_e
河南	0.095	0.637	0.747	0.200
山西	0.101	0.696	1.236	0.118
江西	0.103	0.690	1.062	0.140
宁夏	0.103	0.565	1.060	0.172
内蒙古	0.112	0.602	0.885	0.209
河北	0.112	0.698	0.658	0.244
甘肃	0.115	0.653	1.259	0.140
广西	0.115	0.786	0.725	0.203
青海	0.120	0.741	0.831	0.195
云南	0.125	0.814	0.772	0.199
安徽	0.130	0.672	0.764	0.253
吉林	0.136	0.745	0.703	0.260
黑龙江	0.138	1.056	1.528	0.085
湖北	0.170	0.973	0.907	0.194
湖南	0.184	0.997	0.815	0.227
浙江	0.255	0.969	0.796	0.331
辽宁	0.274	1.085	0.800	0.316
福建	0.345	1.000	1.139	0.304
陕西	0.370	0.925	0.906	0.442
江苏	0.474	1.002	0.791	0.599
上海	0.553	0.972	0.820	0.695
天津	0.850	0.799	0.773	1.376
广东	0.952	1.095	0.919	0.947
均值	0.258	0.834	0.909	0.341

从表 7.3 中可以看出，23 个地区中，仅有 1 个地区的外需效应大于 1，就是天津。这说明在其他因素相等的情况下，丰富的外需将使天津比北京拥有更高的 ICT 产业区位商。就本地市场效应而言，23 个地区中，有 6 个地区的本地市场效应大于 1，分别是山西、江西、宁夏、甘肃、黑龙江和福建。这说明在其他因素相等的情况下，这些地区通过本地 ICT 产业和其他产业的最终需求，将拥有比北京更高的 ICT 产业区位商。但整体说来，各地区的本地市场效应贡献远小于外需效应贡献。这说明，我国的 ICT 产业区域分布特性在很大程度上是由外需特别是出口需

求差异引致的，因此多集中在沿海地区，并非由本地市场规模主导。

另外，正如 7.1 节提到的那样，我国的 ICT 产业分布与地区经济发展程度并没有绝对联系，如人均 GDP 较低的陕西，其区位商甚至高于大量东部沿海地区，如福建、浙江和辽宁。表 7.3 的结构分解结果表明，所有因素特别是外需效应因素，是导致陕西 ICT 产业区位商较高的原因。与沿海地区如江苏、广东的 ICT 产业面向出口需求为主不同，作为西部地区的陕西，其外部需求主要来自于邻近地区如甘肃、宁夏、四川、山西等对当地 ICT 产业的需求。这可能与陕西当地聚集了大量的一流科研院所与高校，并形成了以西安高新技术园区为中心的 ICT 产业聚集区有重要关联。

7.3.3 小结

基于 2002 年各地区 IO 表，本章对我国各地区 ICT 产业区位商差异的影响因素进行了结构分解。分解结果表明，外需特别是出口需求的差异是造成目前我国各地区 ICT 产业发展不均衡的最主要原因，但本地市场效应及生产技术的差异也在一定程度上对此起到了促进的作用。值得一提的是，ICT 产业的区域间分布与经济发展状况并没有绝对一致。以人均 GDP 较低的陕西为例，其区位商甚至高于大量东部沿海地区，如福建、浙江和辽宁。依托于当地的科研院所并以西安高新技术园区为中心，陕西形成了具有强大实力的 ICT 产业集群，向邻近地区如宁夏、山西、甘肃等地提供良好的 ICT 产业和服务，在 ICT 产业的发展上可谓独树一帜。这种发展模式为我国特别是落后地区如何依托当地优势、打造产业集群并促进当地经济发展提供了良好的借鉴。

另外，以我国 24 个地区的 ICT 产业区位商比较的五变量结构分解为例，本章也示范了如何定义 PLS 指数，并建立基于 PLS 指数的最小生成树，实现了基于最小生成树的空间 SDA 模型。需要说明的是，由于 PLS 是指数形式的加和，目前的模型可以推广用于多地区间的多变量空间 SDA 模型，从而在保证多地区间比较传递性的同时，可以在最大限度上降低空间 SDA 模型测算结果不一致对实证研究的影响。此外，在进行多地区的空间比较时，最小生成树本身也提供了地区间经济差异的一种分析结果。

参考文献

施莉，胡培．2008．信息技术对中国 TFP 增长影响估算：1980～2003．预测，27(3)：1-7.

孙琳琳．2012．信息化对中国经济增长贡献的实证研究．世界经济，(2)：3-25.

Alcantara V，Duarte R．2004．Comparison of energy intensities in European Union countries：results of a structural decomposition analysis. Energy Policy，14：177-189.

Bickenbach F，Bode E．2008．Disproporionality measure of concentration，specialization，and localization. Ibterbatuibak Regional Review，31：359-388.

Chen X K，Guo J E. 2000. China economic structure and SDA model. Journal of Systems Science and Systems Engineering，9(2)：142-148.

de Boer P. 2008. Additive structural decomposition analysis and index number theory: an empirical application of the montgomery decomposition. Economic Systems Research，20 (1)：97-110.

de Haan M. 2001. A structural decomposition analysis of pollution in the Netherlands. Economic Systems Research，13(2)：181-196.

Dietzenbacher E，Hoen A R，Los B. 2000. Labor productivity in Western Europe 1975-1985: an intercountry, interindustry analysis. Journal of Regional Science，40(3)：425-452.

Dietzenbacher E，Los B. 1998. Structural decomposition techniques: sense and sensitivity. Economic Systems Research，10(3)：307-324.

Fernandez-Vazques E，Los B，Ramos-Carvajal C. 2008. Using additional information in structural decomposition analysis: the path-based approach. Economic Systems Research，20 (4)：367-394.

Fujikawa K，Milana C. 2002. Input-output decomposition analysis of sectoral price gaps between Japan and China. Economic Systems Research，14(1)：59-80.

Han X. 1995. Structure change and labor requirement of the Japanese economy. Economic Systems Research，7(1)：47-65.

Hill R J. 2001. Measuring inflation and growth using spanning tree. International Economic Review，42(1)：167-185.

Hitomi K，Okuyama Y，Hewings G J D，et al. 2000. The role of interregional trade in generating change in the regional economies of Japan，1980-1990. Economic Systems Research，12：515-537.

Kagawa S，Inamura H. 2004. A spatial structural analysis of Chinese and Japanese energy demand: 1985-1990. Economic Systems Research，(3)：279-299.

Kanemitsu H，Ohnishi H. 1989. An input-output analysis of technological changes in the Japanese economy: 1970-1980. In：Miller R E，Polenske K R，Rose A Z. Frontiers of Input-Output Analysis. New York：Oxford University Press.

Lin X，Polenske K R. 1995. Input-output anatomy of China's energy use changes in the 1980s. Economic Systems Research，7(1)：67-84.

Meng Q，Li M. 2002. New economy and ICT development in China. Information Economics and Policy，14：275-295.

Mukhopahyay K，Chakraborty D. 1999. India's energy consumption changes during 1973/74 to 1991/92. Economic Systems Research，11(4)：423-438.

Oosterhaven J，van der Linden J A. 1997. European technology，trade and income changes for 1975-85: an intercountry input-output decomposition. Economic Systems Research，9(4)：393-412.

Wang C C, Lin G C S. 2008. The growth and spatial distribution of China's ICT industry: new geography of clustering and innovation. Issues and Studies, 44: 145-192.

Zhang F Q, Ang B W. 2001. Methodological issues in cross-country/region decomposition of energy and environment indicators. Energy Economics, 23: 179-190.